BUSCA E APREENSÃO NO PROCESSO PENAL

BUSCA E APREENSÃO NO PROCESSO PENAL

Antonio Carlos Santoro Filho

Verlu Editora

Direitos autorais © 2020 Verlu Castellano Jacob Editora

© Antonio Carlos Santoro Filho
© Verlu Editora

Capa, projeto gráfico, diagramação, edição e revisão
Verlu Castellano Jacob

Santoro Filho, Antonio Carlos.

Busca e Apreensão no Processo Penal / Antonio Carlos Santoro Filho. 1ª ed.
São Paulo: Verlu Editora, 2020.

Edição Digital/ Impressa

Site: www.verlueditora.com

E-mail: verlu@verlueditora.com

ÍNDICE

PREFÁCIO

Neste pequeno trabalho lançamos algumas reflexões, à luz da jurisprudência especialmente dos Tribunais Superiores, sobre as principais questões controvertidas relativas à busca e apreensão no processo penal.

Iniciamos, portanto, com noções a respeito da tutela cautelar, para, logo após, tratar da busca domiciliar.

Prosseguimos com comentários às buscas pessoais – inclusive de caráter administrativo ou preventivo, sem o objetivo de produção de provas - e Comissões Parlamentares de Inquérito.

Ao final, tecemos algumas considerações a respeito dos aspectos penais que podem envolver as diligências de busca e apreensão – violação de domicílio e abuso de autoridade, conforme Lei n. 13.869, de 05 de setembro de 2019.

Estamos à disposição para questionamentos ou dúvidas: santoro-@direitoefilosofia.com

O autor.

SUMÁRIO

1. TUTELA CAUTELAR

A tutela cautelar, sob uma perspectiva funcional adotada no processo penal, constitui "a forma de tutela jurisdicional que visa a eliminar ou neutralizar um *periculum in mora*, ou seja, que se destina a garantir a prestação efetiva de outra forma de tutela jurisdicional, evitando ou neutralizando a ocorrência de determinadas circunstâncias fáticas que, uma vez verificadas, obstariam à efetividade de tal prestação".[1]

As medidas cautelares processuais penais, em regra, estão sujeitas a dois pressupostos – ou condições - que devem ser verificados simultaneamente: *necessidade* e *adequação*.

A necessidade da adoção da medida pode relacionar-se, em primeiro lugar, à *aplicação da lei penal*, ou seja, destinar-se a evitar a fuga do investigado ou processado e, por consequência, a insubsistência de eventual decisão condenatória. Visa, portanto, à efetividade da jurisdição.

Pode referir-se a necessidade – e não mera *conveniência* -, ainda, à investigação ou instrução criminal, isto é, garantir a regularidade dos atos investigatórios e instrutórios – colheita de provas.

Por fim, a *necessidade* da providência cautelar pode ser justificada para evitar a prática de *novas* infrações penais, a *reiteração criminal*. Tal justificativa, contudo, não pode ser adotada para aplicação de qualquer medida cautelar, mas apenas nas hipóteses expressamente previstas (art. 319, incisos II, III, VI e VII).

A escolha da medida cautelar não se trata de ato absolutamente *discricionário* do Juízo, pois deve ser *adequada* à gravidade do crime, circunstâncias do fato e condições pessoais do acusado; está sujeita, então, a uma *discricionariedade regrada* ou limitada.

A imposição da medida cautelar em processo penal – tanto pessoais, como reais -, portanto, deve observar o *princípio da proporcionalidade*, que, apesar de não se encontrar expressamente positivado, tem a sua existência reconhecida pela doutrina e pela jurisprudência – inclusive dos Tribunais Superiores -, como fruto do Estado democrático de Direito, de seus princípios e garantias fundamentais.

Como sustenta Paulo Bonavides, o princípio da proporcionalidade se caracteriza pelo fato de presumir a existência de relação adequada entre um ou vários fins determinados e os meios com que são levados a efeito. Haverá, assim, violação a tal princípio, toda vez que os meios destinados a realizar um fim não forem, *por si mesmos*, apropriados e/ou quando a *desproporção* entre meio e fim for particularmente evidente, ou seja, *manifesta*.[2]

Conforme Willis Santiago, o princípio da proporcionalidade representa dupla garantia: em sentido estrito constitui a *necessidade* de estabelecimento de uma correspondência entre o *fim* a ser alcançado por uma disposição normativa e o *meio* empregado, ou seja, aquela deve ser a melhor possível juridicamente; compreende, também, os princípios da adequação e exigibilidade ou *indispensabilidade*, de forma que o meio escolhido deve se prestar a *atingir* o fim estabelecido e ser exigível, isto é, não haver outro, igualmente eficaz e *menos danoso* a direitos fundamentais.[3]

Humberto Ávila, ao tratar do tema, explica que a *adequação* constitui em um exame inerente à proporcionalidade e "exige uma relação empírica entre o meio e o fim: o meio deve levar à realização do fim", isto é, a eficácia do meio deve contribuir para a promoção gradual do fim[4]. Prossegue o citado autor que a proporcionalidade também encerra o exame da *necessidade*, ou seja, a verificação se "os meios alternativos promovem igualmente o fim" e se estes "restringem em menor medida os direitos fundamentais colateralmente afetados".[5] Por fim, a proporcionalidade em sentido estrito "exige a comparação entre a importância da realização do fim e a intensidade da restrição aos direitos fundamentais. A pergunta que deve ser formulada é a seguinte: O grau de importância da promoção do fim justifica o grau de restrição causada aos direitos fundamentais? Ou, de outro modo: As vantagens causadas pela promoção do fim são proporcionais às desvantagens causadas pela adoção do meio? A valia da promoção do fim corresponde à desvalia da restrição causada?"[6]

As medidas cautelares, portanto, entre as quais se situa a *busca e apreensão*, objetivam a regular prestação da jurisdição e, no caso específico, à preservação da prova.

2. BUSCA DOMICILIAR

2.1. A casa como asilo inviolável

Dispõe o art. 5º, inciso XI, da Constituição Federal que: "a casa é asilo inviolável do indivíduo, ninguém nela podendo penetrar sem consentimento do morador, salvo em caso de flagrante delito ou desastre, ou para prestar socorro, ou, *durante o dia, por determinação judicial*".

A jurisprudência, inclusive do STF, já se pacificou no sentido de que, em situação de flagrante delito (art. 302, do Código de Processo Penal), permitido é o ingresso em residência independentemente de consentimento do morador, ainda que à noite. Com esta orientação: "Cuidando-se de crime de natureza permanente, a prisão do traficante, em sua residência, durante o período noturno, não constitui prova ilícita." (HC 84.772, Rel. Min. Ellen Gracie, j. 19.10.2004, Segunda Turma, *DJ* de 12-11-2004.) No mesmo sentido: HC 70.909, Rel. Min. Paulo Brossard, j. 11.10.1994, Plenário, *DJ* de 25-11-1994.

A Constituição Federal não oferece um conceito de *casa*, cabendo a sua elaboração ao legislador ordinário, o que foi cumprido pelo art. 150, §§ 4º e 5º, do Código Penal, que trata do crime de *Violação de Domicílio*, dispositivo recepcionado pela nova ordem constitucional.

Segundo os mencionados dispositivos compreende-se por casa *qualquer compartimento habitado, aposento ocupado de habitação coletiva*[7] – salvo as dependências comuns, enquanto aberto - ou ainda *o compartimento não aberto ao público, onde alguém exerce profissão ou atividade*.

Nelson Hungria bem explica que a principal concretização do domicílio, sob o aspecto jurídico, "é a casa de moradia, isto é, qualquer construção utilizada, atualmente, de modo permanente ou transitório, para habitação de uma pessoa ou de uma família", tratando-se de objeto de proteção a liberdade individual no âmbito domiciliar, e não a construção material.[8]

Para ser objeto de proteção impõe-se que o recinto seja visivelmente separado do mundo exterior, isto é, que haja um *impedimento material* que demonstre a proibição de acesso, não sendo necessário que se trate de construção fixada no solo.[9]

Assim, se destinados à habitação, são considerados *casa* um carro, a barraca de *camping*, uma caverna, a carroça do coletor de lixo reciclável, mas desde que providos de impedimento de acesso de outrem – como, por exemplo, com a colocação de uma lona.

A lei amplia o conceito de casa para abranger também o compartimento não aberto ao público, onde alguém exerce profissão ou atividade, ou seja, o lugar que, embora sem conexão com a *moradia*, serve ao exercício das atividades individuais *privadas*, como, a título de ilustração, o escritório de advogado, o consultório do médico ou dentista, o gabinete do escritor, etc.[10]

Evidentemente que, tutelando a lei o local de exercício da atividade privada, não pode ser considerada *casa* a repartição *pública* ou o local privado, mas cujo acesso ao público é franqueado[11].

A regra, portanto, é a *proteção* da casa contra *ingressos* não autorizados, vedação que somente pode ser afastada se presentes as hipóteses constitucionais, entre as quais se inclui a busca e apreensão por determinação judicial.

A fim de que a busca e apreensão, entretanto, não represente o esvaziamento da garantia constitucional, está sujeita a uma série de requisitos e finalidades que a seguir analisaremos de modo sucinto.

2.2. Natureza Jurídica

Embora incluída entre as *provas* ou meios de prova, trata-se a busca e apreensão de medida *cautelar real* que, em vista desta natureza, tem por escopo assegurar a regularidade, eficácia e utilidade do processo, mediante a preservação de provas – processo de conhecimento – ou prisão do definitivamente condenado – viabilizando a execução penal.

Por se tratar de medida de natureza cautelar, sua adoção está sujeita – além dos requisitos específicos, que após analisaremos - aos pressupostos gerais das cautelares: *fumus boni iuris* e *periculum in mora*.

O *fumus boni iuris*, na moderna visão processual, como adverte Humberto Theodoro Júnior, não se confunde com a *probabilidade de existência do direito material*, mas representa a necessidade de assegurar eficácia e utilidade ao provimento do processo – tutela jurisdicional[12].

Ronaldo Cunha Campos bem explica que "se é ao processo que se visa garantir, necessita-se verificar não a existência ou probabilidade do direito subjetivo material, mas *o direito da parte ao processo. Deve-se apurar a existência de um fato que ameace não um provável direito subjetivo material, mas a ocorrência da possibilidade de tornar-se ineficaz o processo*"[13].

O deferimento da medida cautelar, pois, está condicionado à verificação da *necessidade/utilidade* da providência para a eficácia do processo e concretização do provimento jurisdicional.

Somente isto, entretanto, não basta, pois há de se caracterizar, também, o *periculum in mora*, que consiste no fundado risco de *perecimento, desvio ou deterioração* das provas necessárias ao processo e à tutela jurisdicional ou dos elementos para o seu regular desenvolvimento. A medida cautelar, portanto, visa evitar o risco à regularidade processual e/ou à eficácia da tutela jurisdicional.

2.3. Conceito

Segundo Heráclito Antônio Mossin há um "liame incindível entre busca e apreensão. Busca é a procura, a cata que se faz de pessoa ou coisa. Uma vez encontrada uma ou outra, procede-se à apreensão"[14].

Espínola Filho, lembrando Manzini, sustenta que as buscas são pesquisas materiais, realizáveis coercitivamente, autorizadas como exceção às garantias normais da liberdade individual e destinadas ao fim de assegurar, ao processo, coisas ou pessoas – mesmo que não suspeitas ou acusadas de atividade delituosa – que possam servir à prova, ou de prender o acusado, ou outra pessoa, indicada de crime ou evadida.[15]

Cleunice Bastos Pitombo opta por separar os conceitos de *busca* e *apreensão* – por traduzirem institutos distintos -, a nosso ver com razão, pois plenamente possível a apreensão sem a prévia busca – devolução espontânea de produto de crime, entrega de coisa achada, etc. -, assim como a busca não destinada especificamente à apreensão – como, por exemplo, em hipótese de busca destinada à colheita de impressões digitais deixadas por suposto autor do crime.

Define esta autora a busca como o "ato do procedimento persecutivo penal, restritivo de direito individual (inviolabilidade da intimidade, vida privada, domicílio e integridade física ou moral), consistente em procura, que pode ostentar-se na *revista* ou no *varejamento*, conforme a hipótese: de *pessoa* (vítima de crime, suspeito, indiciado, acusado, condenado, testemunha e perito), *semoventes*, *coisas* (objetos, papéis e documentos), bem como de *vestígios* (rastros, sinais e pistas) da infração"[16]; a apreensão, por sua vez, é o ato processual penal "subjetivamente complexo, de apossamento, remoção e guarda de coisas – objetos, papéis ou documentos -, de semoventes e de pessoas, do poder de quem as retém ou detém; tornando-as indisponíveis, ou as colocando sob custódia, enquanto importarem à instrução criminal ou ao processo. A apreensão pode ser coercitiva – originada em busca –, ou espontânea – livre apresentação, ou exibição. Implica, sempre, constrição"[17].

Busca e apreensão, portanto, apesar de estarem estreitamente conectadas, traduzem conceitos diversos.

Trata-se a primeira de uma medida e natureza cautelar, coercitiva, disciplinada pela legislação processual penal que se destina ao apossamento de elementos de prova, à investigação do "corpo de delito" – inclusive mediante o resgate da vítima – e respectivos vestígios ou da pessoa do investigado ou condenado; a segunda, por seu turno, também regulada pela lei processual penal, em regra é - mas não necessariamente – coercitiva e representa o apossamento ou custódia de coisas ou pessoas que interessam ao processo.

2.4. Requisitos e Fins

Constituindo a busca e apreensão uma medida *restritiva* de direitos e garantias individuais, o seu deferimento e efetivação estão sujeitos ao *princípio da legalidade*, não bastando, pois, à sua legitimação, a mera existência de decisão judicial, que, por força do disposto no art. 93, inciso IX, da Constituição Federal, deve ser sempre *fundamentada*.

Com efeito, dispõe o art. 240, do Código de Processo Penal, que se procederá à busca domiciliar quando *fundadas razões a autorizarem*.

As *fundadas razões* a que remete o CPP não "se confundem com meras suspeitas. Há que se ter motivos concretos, fortes, indícios da existência de elementos de convicção (seja da acusação ou da defesa), que se possam achar na casa, a qual se pretenda varejar"[18].

Logo, não possui o suporte fático exigido para afastar a garantia estabelecida pelo art. 5º, inciso XI, da Constituição Federal, por exemplo, a simples existência de "denúncia anônima", desamparada de qualquer outro elemento que a respalde; também não se presta ao deferimento da busca e apreensão domiciliar mero relatório de investigação baseado em delações de informantes não identificados – o que equivale a denúncia anônima.

O anonimato, aliás, é vedado pela Constituição Federal (art. 5º, inciso IV), não admitindo a jurisprudência do STF tal prática para a instauração da persecução criminal. A título de ilustração: "Anonimato. Notícia de prática criminosa. Persecução criminal. Impropriedade. Não serve à persecução criminal notícia de prática criminosa sem identificação da autoria, consideradas a vedação constitucional do anonimato e a necessidade de haver parâmetros próprios à responsabilidade, nos campos cível e penal, de quem a implemente" (HC 84.827, Rel. Min. Marco Aurélio, julgamento em 7-8-2007, Primeira Turma, *DJE* de 23-11-2007).

No mesmo sentido o seguinte julgado – paradigma - do Superior Tribunal de Justiça:

HABEAS CORPUS. "OPERAÇÃO CASTELO DE AREIA". DENÚNCIA ANÔNIMA NÃO SUBMETIDA À INVESTIGAÇÃO PRELIMINAR. DESCONEXÃO DOS MOTIVOS DETERMINANTES DA MEDIDA CAUTELAR. QUEBRA DE SIGILO DE DADOS. OFENSA ÀS GARANTIAS CONSTITUCIONAIS. PROCEDIMENTO DE INVESTIGAÇÃO FORMAL.NECESSIDADE DE COMPROVAÇÃO DE MOTIVOS IDÔNEOS. BUSCA GENÉRICA DE DADOS. As garantias do processo penal albergadas na Constituição Federal não toleram o vício da ilegalidade mesmo que produzido em fase embrionária da persecução penal.

A denúncia anônima, como bem definida pelo pensamento desta Corte, pode originar procedimentos de apuração de crime, desde que empreendida investigações preliminares e respeitados os limites impostos pelos direitos fundamentais do cidadão, o que leva a considerar imprópria a realização de medidas coercitivas absolutamente genéricas e invasivas à intimidade tendo por fundamento somente este elemento de indicação da prática delituosa. A exigência de fundamentação das decisões judiciais, contida no art. 93, IX, da CR, não se compadece com justificação transversa, utilizada apenas como forma de tangenciar a verdade real e confundir a defesa dos investigados, mesmo que, ao depois, supunha-se estar imbuída dos melhores sentimentos de proteção social. Verificada a incongruência de motivação do ato judicial de deferimento de medida cautelar, in casu, de quebra de sigilo de dados, afigura-se inoportuno o juízo de proporcionalidade nele previsto como garantia de prevalência da segurança social frente ao primado da proteção do direito individual. Ordem concedida em parte, para anular o recebimento da denúncia da Ação Penal n.º 2009.61.81.006881-7. (HC 137.349/SP, Rel. Ministra MARIA THEREZA DE ASSIS MOURA, SEXTA TURMA, julgado em 05/04/2011, DJe 30/05/2011).

Assim, a *suspeita* desamparada de indícios concretos da *necessidade* e *pertinência* da medida não se presta a configurar a fundada razão que exige a lei para o afastamento da garantia constitucional, e nem constitui *fundamentação válida* – que deve ser *substancial* e não apenas "retórica", com alusões à "defesa social", garantia da ordem pública e preservação da "população ordeira" – para a decisão judicial que determina a diligência.

A busca, conforme art. 240, § 1º, do CPP, pode ter por fins a apreensão: (1) de pessoas (alíneas *a* e *g*); (2) de produto criminoso (alínea *b*); (3) de instrumentos do crime ou objetos cuja posse represente a prática de infração penal (alíneas *c* e *d*); (4)

de elementos que facilitem a formação de um juízo de convicção sobre a existência do fato, sua autoria, ilicitude e culpabilidade do agente (incisos *e* e *h*).

Mas e o encontro fortuito de outros fatos ou envolvidos? Diante do requisito supramencionado, há de se admitir a prova obtida mediante busca e apreensão, a eles não dirigida?

Embora pese a controvérsia doutrinária a respeito, a jurisprudência do STJ e do STF tem se orientado no sentido de responder positivamente à questão supra, uma vez que, em se tratando de prova obtida por *meio lícito* em relação ao objeto da investigação, não pode caracterizar, ao mesmo tempo, prova *ilícita* em relação a outros fatos e autores que não eram, a um primeiro momento, o objetivo da diligência. Com este teor:

PROCESSUAL PENAL. RECURSO ORDINÁRIO EM HABEAS CORPUS. ROUBO CIRCUNSTANCIADO. EXPLOSÃO. ARTIGO 16, CAPUT, C.C. O ARTIGO 20, AMBOS DA LEI N.º 10.826/03. MANDADO DE BUSCA E APREENSÃO. FUNDAMENTAÇÃO. EXAURIENTE REQUERIMENTO POLICIAL. MANIFESTAÇÃO MINISTERIAL. REFERÊNCIAS. PER RELATIONEM. AUTORIZAÇÃO JUDICIAL. EIVA. INEXISTÊNCIA. CONDUÇÃO DA MEDIDA. CORREGEDORIA DA POLÍCIA MILITAR. ILEGITIMIDADE. NÃO OCORRÊNCIA. SUPERVISÃO DA AUTORIDADE POLICIAL. CUMPRIMENTO DO MANDADO. SUBSCRIÇÃO DO AUTO PELA ADVOGADA. INÉRCIA. POSTERIOR ALEGAÇÃO DE NULIDADE. VIOLAÇÃO DA BOA-FÉ OBJETIVA: PROIBIÇÃO DO VENIRE CONTRA FACTUM PROPRIUM. ARMAS E MUNIÇÕES ESTRANHAS AO CRIME OBJETO DO MANDADO DE BUSCA E APREENSÃO. ENCONTRO FORTUITO. NOVEL DELITO. INFRAÇÃO DE CUNHO PERMANENTE. FLAGRANTE. POSSIBILIDADE. CONSTRANGIMENTO ILEGAL. INEXISTÊNCIA. RECURSO DESPROVIDO.

1. Determinada a expedição do mandado de busca e apreensão sob singelas linhas, em boa verdade, não se vislumbra eiva em

seu teor, eis que se reportou ao exauriente requerimento policial, bem como à manifestação ministerial, em franca motivação per relationem, e se atendeu ao previsto no artigo 243 do Código de Processo Penal, citando-se, ainda, o disposto no artigo 240, § 1.º, alíneas "b", "e" e "h", do Estatuto Processual Repressivo, com especial menção ao fato de a autoridade policial "proceder à apreensão de qualquer elemento de convicção", ou seja, o juiz agregou tópicos outros, não se circunscrevendo a mera referência aos requerimentos.

2. Não obstante a estruturação das polícias com a atribuição de especialidades para cada órgão, nos termos do artigo 144 da Constituição Federal, a segurança pública é dever do Estado e responsabilidade de todos, exercida para a preservação da ordem pública, escopo comum a todos os entes policiais.

3. Não se configura qualquer pecha no cumprimento da medida por policiais militares da Corregedoria Militar, pois o suspeito é policial militar e a diligência foi precedida de requerimento do Parquet e autorização judicial, culminando pela supervisão da autoridade policial, delegado da polícia civil, que inclusive lavrou o auto de exibição e apreensão.

4. Inaceitável que a defesa avente a tese de nulidade após quedar-se inerte no transcurso do cumprimento do mandado de busca e apreensão, subscrevendo o auto, não se insurgindo pela forma como conduzido.

5. A relação processual é pautada pelo princípio da boa-fé objetiva, da qual deriva o subprincípio da vedação do venire contra factum proprium (proibição de comportamentos contraditórios). Assim, diante de um tal comportamento sinuoso, não dado é reconhecer-se a nulidade.

6. Embora o escopo do mandado de busca e apreensão não fosse a localização de armas e munições, eis que somente se almejou detectar o artefato belicoso empregado no crime de roubo circunstanciado, descrito no requerimento policial, encontrando-se fortuitamente os objetos citados, indicativos de outro delito,

de cunho permanente, possível se mostra o flagrante pelos policiais, que não se descuraram da sua função pública, atuando prontamente ao descobrir novel crime quando em busca de elementos delitivos de outro feito.

7. Recurso a que se nega provimento. (RHC 41.316/SP, Rel. Ministra MARIA THEREZA DE ASSIS MOURA, SEXTA TURMA, julgado em 20/11/2014, DJe 12/12/2014)

RECURSO ORDINÁRIO EM HABEAS CORPUS. ART. 290 DO CÓDIGO PENAL MILITAR. PLEITO DE TRANCAMENTO DA AÇÃO PENAL. ILICITUDE DA PROVA. NÃO OCORRÊNCIA. ENCONTRO FORTUITO DE ELEMENTOS PROBATÓRIOS. CRIME PERMANENTE. DESNECESSIDADE DE MANDADO DE BUSCA E APREENSÃO. RECURSO DESPROVIDO.

1. Não há ilicitude a ser declarada quando ocorre a descoberta de fatos por meio do encontro fortuito de provas, ocorrido por ocasião do cumprimento de mandado de busca e apreensão determinado pelo Juízo competente e de acordo com os requisitos previstos no art. 243 do Código de Processo Penal. Precedentes.

2. Conforme o entendimento deste Superior Tribunal de Justiça "[...] o delito de tráfico de entorpecentes, nas modalidades guardar, ter em depósito, expor à venda, transportar e trazer consigo, é crime permanente que, como tal, se protrai no tempo, sendo, portanto, prescindível a existência de mandado de busca e apreensão" (RHC 91.442/SP, Ministro ANTONIO SALDANHA PALHEIRO, SEXTA TURMA, julgado em 06/03/2018, DJe 26/03/2018).

3. O trancamento da ação penal por meio de habeas corpus

constitui medida excepcional, que somente deve ocorrer quando houver comprovação inequívoca da atipicidade da conduta, da ausência de indícios de autoria ou de prova da materialidade delitiva ou da ocorrência de causa extintiva da punibilidade.

4. Recurso desprovido. Outrossim, em face do julgamento do presente recurso, JULGO PREJUDICADA a análise da petição n.º 00532802/2018. (RHC 95.659/RJ, Rel. Ministra LAURITA VAZ, SEXTA TURMA, julgado em 23/10/2018, DJe 10/12/2018)

PROCESSO PENAL E CONSTITUCIONAL. AGRAVO REGIMENTAL. INQUÉRITO POLICIAL. DECISÃO JUDICIAL. PRECLUSÃO LÓGICA E CONSUMATIVA. NÃO OCORRÊNCIA. NATUREZA INQUISTIVA DO PROCEDIMENTO. PRECEDENTES. NULIDADE DAS PROVAS. INEXISTÊNCIA. ENCONTRO FORTUITO DE ELEMENTOS PROBATÓRIOS. POSSIBILIDADE. PRECEDENTES. AUSÊNCIA DE DEMONSTRAÇÃO DE PREJUÍZO. AGRAVO REGIMENTAL IMPROVIDO.

I – Não se opera preclusão lógica e consumativa de decisão judicial no âmbito do inquérito policial, uma vez que este possui natureza inquisitiva, e não litigiosa.

II – O encontro fortuito de provas não induz a sua nulidade, desde que licitamente obtidas.

III – A cooperação entre órgãos públicos afigura-se legítima, e até mesmo recomendável, quando há proteção de um mesmo bem jurídico, a lisura no trato da coisa pública.

IV – A demonstração de prejuízo, de acordo com o art. 563 do CPP, é essencial à alegação de nulidade, seja ela relativa ou absoluta.

V – Agravo regimental a que se nega provimento. (Pet 7794, Relator(a): Min. RICARDO LEWANDOWSKI, Segunda Turma, julgado em 30/10/2018, PROCESSO ELETRÔNICO DJe-238 DIVULG 08-11-2018 PUBLIC 09-11-2018)

Analisados, com brevidade, os requisitos, resta perquirir a respeito dos *fins* da busca e apreensão.

Pode ter a busca por finalidade, em primeiro lugar, a prisão do acusado – prisão cautelar – ou do definitivamente condenado, ou ainda a apreensão da vítima de crime, resgatando-a das mãos do autor da infração penal - que, necessariamente, deve ter o caráter *permanente* – p. ex. o crime de sequestro.

Em um segundo grupo a medida de busca destina-se à apreensão do *produto do crime*, isto é, coisas *obtidas* por meios criminosos – p.ex. furto, roubo ou receptação – ou *achadas* – e evidentemente não devolvidas[19].

A busca pode objetivar, ainda, a apreensão de instrumentos de contrafação ou falsificação ou objetos falsificados ou contrafeitos, armas, munições, instrumentos utilizados na prática de crime ou destinados a fim delituoso.

Por fim, a busca pode ter por finalidade descobrir objetos necessários à prova de infração ou à defesa do réu ou colher qualquer elemento de convicção.

A alínea *f* do mencionado dispositivo do CPP prevê a possibilidade de busca para "apreender cartas, abertas ou não, destinadas ao acusado ou em seu poder, quando haja suspeita de que o conhecimento do seu conteúdo possa ser útil à elucidação do fato".

Diante do art. 5º, XII, da Constituição Federal, que dispõe ser inviolável o sigilo da correspondência e das comunicações telegráficas e de dados, a doutrina majoritária sustenta a não recepção do citado dispositivo do Código de Processo Penal pela nova ordem constitucional, de forma que o sigilo de correspondência teria o caráter *absoluto*.

Cleunice Bastos Pitombo assevera que a norma processual, "não obstante o entendimento divergente, não foi recepcionada pela atual Constituição. Inadmissível, pois, a apreensão de correspondências. Insustentável, também, se decidir pela legalidade da apreensão se e quando o conteúdo serve ao esclarecimento dos fatos. E, neste lanço, não importa discutir sobre a conveniência ou não da restrição constitucional"[20].

Heráclito Antônio Mossin, valendo-se dos entendimentos de Fernando da Costa Tourinho Filho e Julio Fabbrini Mirabete também acaba por concluir que a "vigente Carta Política da República repele a apreensão de cartas, abertas ou não, por ter consagrado a inviolabilidade do sigilo da correspondência[21].

Há de se observar, contudo, a ressalva de Ada Pellegrini Grinover, no sentido de que a Assembleia Nacional Constituinte aprovou o seguinte texto para o art. 5º, XII, da C.F: *É inviolável o sigilo da correspondência e das comunicações de dados, telegráficas e telefônicas, salvo por ordem judicial, nas hipóteses e na forma que a lei estabelecer, para fins de investigação criminal ou instrução processual*". O sigilo de correspondência, pois, não teria o caráter absoluto.

E prossegue a eminente jurista: "Foi a Comissão de Redação que, exorbitando de seus poderes, acrescentou ao texto as palavras "comunicações", "no último caso" e "penal", limitando consideravelmente o alcance da norma constitucional legitimamente aprovada em plenário. Esta, da forma como o fora, permitia a quebra do sigilo - observadas a ordem judicial e a reserva legal - não apenas com relação às comunicações telefônicas, mas também às telegráficas e de dados, bem como quanto ao sigilo da correspondência; e, ademais, não restringia o objeto da prova ao processo penal, possibilitando fosse ela produzida em processos não penais. No meu sentir, a redação restritiva do inc. XII do art.5º da Constituição é formalmente inconstitucional, por vício de competência e afronta ao processo legislativo. (...) certamente ao Poder Judiciário caberia declarar a inconstitucionalidade da regra indevidamente reescrita pela Comissão de Redação, suprimindo as palavras acrescidas, de acordo com as modalidades previstas no ordenamento para o controle da constitucionalidade. Nem seria essa a primeira vez que se discute a respeito da constitucionalidade de normas inseridas no próprio texto constitucional, mesmo que se trate de regras emanadas do Poder Constituinte originário"[22].

Nestas circunstâncias, tendo a Comissão de Redação ultrapassado os limites de seus poderes, uma vez que *alterou* o sentido da previsão constitucional aprovada pelo plenário da Assembleia, cabível seria o controle – difuso ou concentrado – da constitucionalidade da norma e, em consequência, a recepção da possibilidade de apreensão de *correspondência* e sua utilização como *prova* no processo penal, desde que por determinação judicial.

A jurisprudência, embora em situações excepcionais, tem admitido a intercepção e apreensão de correspondência, sob o fundamento de que inexistem direitos *absolutos* e que, em hipótese de aparente conflito entre direitos fundamentais, cabe ao juiz formular a interpretação teleológica, para apurar o verdadeiro sentido das normas. Com esta orientação, recente julgado do Superior Tribunal de Justiça, relatado pelo Min. Arnaldo Esteves Lima:

PENAL E PROCESSUAL PENAL. HABEAS CORPUS SUBSTITUTIVO DE RECURSO ORDINÁRIO. FALSIFICAÇÃO DE DOCUMENTO PÚBLICO E CORRUPÇÃO PASSIVA. NULIDADE PROCESSUAL. ILICITUDE DE PROVAS ORIUNDAS DA INTERCEPTAÇÃO DE CORRESPONDÊNCIA. SIGILO ABSOLUTO. DIREITO FUNDAMENTAL. PONDERAÇÃO. ESTADO DEMOCRÁTICO DE DIREITO. INEXISTÊNCIA DE DIREITOS ABSOLUTOS. COEXISTÊNCIA ENTRE OS DIREITOS E AS GARANTIAS FUNDAMENTAIS. CONSTRANGIMENTO ILEGAL NÃO CONFIGURADO. ORDEM DENEGADA.

1. Os direitos e garantias fundamentais elencados na Constituição Federal, contemplados na dimensão objetiva, consistem em norte para atuação valorativa do Estado na realização do bem

comum. Já na dimensão subjetiva, permitem ao indivíduo se sobrepor à arbitrariedade estatal.

2. O Estado tem o dever de proteção dos indivíduos frente ao
próprio poder estatal (eficácia vertical), bem como em face da
própria sociedade, justificando a eficácia horizontal dos direitos
humanos nas relações particulares.

3. Não há falar em sobreposição de um direito fundamental
sobre outro. Eles devem coexistir simultaneamente. Havendo
aparente conflito entre eles, deve o magistrado buscar o verdadeiro significado da norma, em harmonia com as finalidades
precípuas do texto constitucional, ponderando entre os valores
em análise, e optar por aquele que melhor resguarde a sociedade
e o Estado Democrático.

4. Os direitos e garantias fundamentais, por possuírem característica essencial no Estado Democrático, não podem servir de
esteio para impunidade de condutas ilícitas, razão por que não
vislumbro constrangimento ilegal na captação de provas por
meio da quebra do sigilo de correspondência, direito assegurado
no art. 5º, XII, da CF, mas que não detém, por certo, natureza
absoluta.

5. Ordem denegada.

(HC 97.336/RJ, Rel. Ministro ARNALDO ESTEVES LIMA,
QUINTA TURMA, julgado em 15/06/2010, DJe 02/08/2010)

O mesmo Tribunal Superior, em oportunidades anteriores, ado-
tou um conceito *restrito* de correspondência, limitando-o às
comunicações por meio de carta, via postal ou telegráfica – ex-
cluindo do conceito, portanto, as encomendas via correio -, e res-
tringiu o alcance do sigilo às cartas fechadas

:

PENAL. PROCESSUAL. TIGRE DE PELÚCIA CONTENDO CO-
CAÍNA. APREENSÃO DE ENCOMENDA NA AGÊNCIA DOS COR-

REIOS ANTES DE SER ENTREGUE AO DESTINATÁRIO. AÇÃO PENAL. PROVA ILÍCITA. QUEBRA DE SIGILO DE CORRESPON- DÊNCIA.

1. Correspondência, para os fins tutelados pela Constituição da República (art. 5º, VII) é toda comunicação de pessoa a pessoa, por meio de carta, através da via postal ou telegráfica. (Lei nº 6.538/78).

2. A apreensão pelo Juiz competente, na agência dos Correios, de encomenda, na verdade tigre de pelúcia com cocaína, não atenta contra a Constituição da República, art. 5º, VII. Para os fins dos valores tutelados, encomenda não é correspondência.

3. Recurso Ordinário conhecido, mas não provido. (RHC 10.537/ RJ, Rel. Ministro EDSON VIDIGAL, QUINTA TURMA, julgado em 13/03/2001, DJ 02/04/2001, p. 311)

RHC. PROVA. SIGILO DE CORRESPONDENCIA. VIOLAÇÃO.

1. A VIOLAÇÃO DE CORRESPONDENCIA, COM MALTRATO A LIBERDADE DE PENSAMENTO RESGUARDADA PELA CONSTI- TUIÇÃO FEDERAL SOMENTE SE CONCRETIZA QUANDO SE TRA- TAR DE "CORRESPONDENCIA FECHADA". DE OUTRO LADO, A APREENSÃO DE DOCUMENTO, REPRESENTADO POR MINUTA DE CARTA JA REMETIDA, MEDIANTE AUTORIZAÇÃO JUDICIAL, NÃO REPRESENTA AFRONTA AO DIREITO ASSEGURADO PELO ART. 5., X, DA CF (INTIMIDADE, VIDA PRIVADA, ETC.) PORQUE IDENTICA PROTEÇÃO E RESERVADA A HONRA DAS PESSOAS, NÃO PODENDO AQUELA (INTIMIDADE) SERVIR DE SALVA- GUARDA PARA MALTRATO A ESTA (HONRA).

2. RHC IMPROVIDO. (RHC 6.719/SP, Rel. Ministro FERNANDO GONÇALVES, SEXTA TURMA, julgado em 24/11/1997, DJ 08/06/1998, p. 178)

Por fim, o Supremo Tribunal Federal também já pronunciou o

caráter *relativo* do sigilo em análise, ao admitir, por razões de segurança pública e disciplina prisional, a interceptação de correspondência de presos, nos termos do art. 41, da Lei de Execução Penal:

"A administração penitenciária, com fundamento em razões de segurança pública, de disciplina prisional ou de preservação da ordem jurídica, pode, sempre excepcionalmente, e desde que respeitada a norma inscrita no art. 41, parágrafo único, da Lei 7.210/1984, proceder à interceptação da correspondência remetida pelos sentenciados, eis que a cláusula tutelar da inviolabilidade do sigilo epistolar não pode constituir instrumento de salvaguarda de práticas ilícitas." (HC 70.814, Rel. Min. Celso de Mello, julgamento em 1º-3-1994, Primeira Turma, *DJ* de 24-6-1994.)

Assim, seja pela afronta ao regular processo legislativo quando da elaboração da norma constitucional e indevida supressão da previsão de possibilidade de quebra – judicial – do sigilo de correspondência, seja pela inexistência, em nosso sistema, de direitos *absolutos*, entendemos que a garantia da inviolabilidade da correspondência tem um caráter *relativo* e pode ser afastada, excepcionalmente, por decisão judicial, quando fundadas razões indicarem a *necessidade* da providência para a captação de provas, pois a garantia constitucional não se presta ao encobrimento de práticas ilícitas e ações contrárias a direitos também fundamentais de terceiros.

Como sustenta Peter Häberle: "a vinculação judicial à lei e a independência pessoal e funcional dos juízes não podem escamotear o fato de que o juiz interpreta a Constituição [e também a lei, inclusive a penal e a processual penal] na esfera pública e na realidade. Seria errôneo reconhecer as influências, as expectativas, as obrigações sociais a que estão submetidos os juízes apenas sob o aspecto de uma ameaça à sua independência. Essas influências contêm também uma parte de legitimação e evitam o livre arbítrio da interpretação judicial"[23]. Em suma, a interpretação da lei e da Constituição Federal, para encerrar legitimidade, deve atender às finalidades – e, portanto, expectativas – sociais e ao bem comum, elementos teleológicos que lhes conferem razão de existência.

2.5. Procedimento

A busca domiciliar, conforme tradição do direito processual penal brasileiro, podia ser determinada de ofício ou a requerimento de qualquer das partes, ou ainda por representação da Autoridade Policial (art. 241, do CPP).

Com a recente alteração do art. 282, § 2º, do CPP, determinada pela Lei n. 13.964 de 24 de dezembro de 2019 ("Lei Anticrime"), contudo, não mais se admite a decretação da diligência *de ofício*, uma vez que o citado diploma legal, que compatibilizou o nosso processo penal ao sistema acusatório[24], previu que: "As medidas cautelares serão decretadas pelo juiz a requerimento das partes ou, quando no curso da investigação criminal, por representação da autoridade policial ou mediante requerimento do Ministério Público".

A busca deverá ser precedida de expedição de mandado, salvo quando realizada *pessoalmente* pela autoridade judiciária, ou em hipóteses de flagrante delito ou consentimento do morador.

O mandado de busca, a fim de não esvaziar a garantia da inviolabilidade do domicílio, deverá, nos termos do art. 243, do CPP, indicar o mais precisamente possível *a casa* em que será realizada a diligência e *o nome* do respectivo proprietário ou morador, mencionar *o motivo e fins* da diligência e ser subscrito pelo escrivão e assinado pelo juiz. Caso haja ordem de prisão, esta deverá constar do próprio texto do mandado.

As buscas deverão ser executadas de dia, salvo se o morador consentir que se realizem à noite.

O Código de Processo Penal não define o que se entende por dia[25], cabendo, portanto, à doutrina e à jurisprudência a formulação do conceito.

Espínola Filho, a respeito, deixa consignado que entre nós predomina a compreensão "como dia o período que vai das seis às dezoito horas (Bento de Faria, *Código de Processo Penal*, vol. 1º, 1942, p. 317)"[26].

Antes de penetrar na casa deverão os executores do mandado mostrar e ler o seu conteúdo ao morador ou a quem o represente, intimando-o, em seguida, a abrir a porta (art. 245, *caput*, do CPP). Em caso de desobediência, a porta será arrombada e forçada a entrada (art. 245, § 2º, do CPP), permitindo-se, se recalcitrar o morador, o emprego de força contra *coisas* existentes no interior da casa, para o descobrimento do que se procura (art. 245, § 3º, do CPP).[27] O morador deverá ser intimado a mostrar a coisa ou pessoa que se vai procurar (art. 245, § 5º, do CPP), devendo a busca ser feita de modo que não moleste os moradores mais do que o indispensável ao êxito da diligência (art. 248 do CPP).

O arrombamento, entrada forçada e emprego de força também são permitidos quando ausentes os moradores, devendo, em tal caso, ser intimado a assistir à diligência qualquer vizinho, *se houver* e *estiver* presente (art. 245, § 4º, do CPP). Logo, a diligência não fica inviabilizada em razão da ausência de moradores ou de vizinhos.

Descoberta a pessoa ou coisa que se procura, será imediatamente apreendida e posta sob custódia da autoridade ou de seus agentes (art. 245, § 6º). Finda a diligência, os executores lavrarão auto circunstanciado, assinando-o com duas testemunhas presenciais (art. 245, § 7º) e, não sendo encontrada a pessoa ou a coisa que se procura, os motivos da diligência serão comunicados a quem tiver sofrido a busca, se o requerer (art. 247, do CPP).

2.6. Busca e Apreensão Coletiva

Questão que suscita vivo debate na doutrina refere-se à admissibilidade de expedição de mandados de busca e apreensão coletivos, que abarquem todo um quarteirão, conjunto habitacional, ocupação ou favela, e a compatibilidade de tal procedimento com a garantia constitucional da inviolabilidade do domicílio.

O excelente magistrado Fábio Aguiar Munhoz Soares, após reconhecer ser a majoritária doutrina pátria contrária a medidas desta espécie, sustenta o seu cabimento especialmente contra grupos criminosos, hipóteses nas quais seria admissível a sobreposição "do bem comum a ser alcançado pelo Estado" a direitos e garantias fundamentais do cidadão. Valendo-se de decisão do não menos brilhante juiz Marcelo Matias Pereira, arremata: "Tempos excepcionais exigem medidas também excepcionais, com o intuito de manutenção do Estado democrático de Direito e a ordem pública. Segundo o princípio da proporcionalidade deve o julgador sopesar os bens jurídicos em conflito, no momento de proferir sua decisão. Conforme a melhor doutrina constitucional os direitos individuais não são absolutos, mas sim relativos, tanto é que existem medidas próprias para que sejam os mesmos violados, quando em conflito com interesses maiores, vale dizer coletivos. Assim sendo, o interesse coletivo sempre prepondera sobre o interesse individual, razão pela qual são constitucionalmente previstas as limitações a estes, vale dizer a possibilidade de violação do domicílio, nas hipóteses previstas no art. 5º, inciso XI, da CF (...)"[28].

Apesar do respeito que merecem, todavia, discordamos dos argumentos elencados.

Com efeito, é correta a afirmação de que "tempos excepcionais exigem medidas também excepcionais", inclusive, se necessário, com a *suspensão* de garantias constitucionais, conforme previsões dos artigos 136 (estado de defesa) e 137 (estado de sítio) da Constituição Federal.

O reconhecimento da situação de excepcionalidade, decretação de tais estados e suspensão das garantias individuais, no entanto, são privativos do Chefe de Estado e somente são cabíveis nas hipóteses estritamente previstas – inclusive quanto ao procedimento a ser adotado - pela própria Constituição Federal, não cumprindo ao Judiciário, que se trata de seu último guardião, desviar-se da legalidade e usurpar os seus poderes para, ainda que em situações de prática de graves crimes, suprimir as garantias dos cidadãos.

Também é correta a afirmação de que os direitos e garantias individuais não são absolutos, tanto que existem medidas próprias para serem violados ou restritos.

Mas esta afirmação, ao contrário de fundamentar o cabimento das buscas coletivas, serve apenas a clarear a inexistência de legitimidade da adoção de medida desta natureza para buscar provas de crimes, ainda que graves.

De fato, se os direitos e garantias individuais admitem restrição ou violação diante de uma "medida própria", evidente que tal medida, para ser preenchida de "propriedade", deve observar o *princípio da legalidade*, isto é, estar *de acordo* com a previsão legal.

Assim, se o art. 243 do CPP dispõe que a busca e apreensão será *individualizada* – indicação precisa da casa em que será realizada e o nome do proprietário ou morador – esta característica é a que lhe confere *propriedade*. O desrespeito a esta previsão e a determinação de diligência *coletiva*, indiscriminada, em determinada região ou conjunto de habitações, por não estar de acordo com o que determina *a lei*, retira-lhe a *propriedade* e, em consequência, a *legalidade*. Os direitos e garantias individuais não são absolutos, mas cabe à lei – nos limites permitidos pela Constituição Federal – a sua relativização e flexibilização[29]. Com orientação semelhante já decidiu o TJRS:

APELAÇÃO CRIMINAL. REPRESENTAÇÃO POR MANDADO DE BUSCA E APREENSÃO COLETIVO. TRÁFICO ILÍCITO DE ENTORPECENTES. AUSÊNCIA DE REQUISITOS LEGAIS. INDEFERIMENTO DA MEDIDA MANTIDO. O art. 243 do Código de Processo Penal dispõe, dentre os requisitos do mandado de busca, que este deverá indicar, o mais precisamente possível, a casa em que será realizada a diligência e o nome do respectivo proprietário ou morador. No caso concreto, a representação por mandado de busca e apreensão a ser cumprido em todas as unidades habitacionais de quatro blocos de um condomínio, sem sequer a indicação dos respectivos proprietários/moradores, ou elementos objetivos a denotarem que estes se encontram conluiados à prática delitiva, não preenche os requisitos cumulativos elencados no comando legal mencionado. Além do mais, a relativização de direitos fundamentais deriva do sopesamento, no caso concreto, acerca da proporcionalidade da medida, devendo ser avaliadas a adequação, a necessidade e a proporcionalidade em sentido estrito. E, embora a medida postulada possa, aparentemente, demonstrar-se adequada e necessária à consecução do objetivo proposto – qual seja, o desmantelamento da unidade operacional instalada por traficantes no âmbito do Condomínio investigado –, não é possível vislumbrar a proporcionalidade em sentido estrito em sua efetiva veiculação, uma vez que esta ensejaria restrições e violações a direitos fundamentais que, em muito, ultrapassariam os potenciais benefícios advindos de sua aplicação, tendo em vista o vultoso contingente de pessoas que teriam, injustamente, afetados direitos fundamentais sem que em nada tivessem colaborado para as causas da criminalidade que assola o local. Ademais, não há mínima garantia de que a efetivação da medida, por si, fosse elidir definitivamente a atuação do grupo criminoso investigado, o qual possui células espalhadas por todo o estado do Rio Grande do Sul. Manutenção do indeferimento da medida postulada que se mostra de rigor. RECURSO DESPROVIDO.(Apelação Crime, Nº 70078577723, Terceira Câmara Criminal, Tribunal de Justiça do RS, Relator: Sérgio Miguel Achutti Blattes, Julgado em: 20-02-2019)

Quanto ao princípio da *proporcionalidade*, cremos que também não se presta, em regra, a justificar o afastamento ou suspensão de um direito ou garantia individual.

O princípio da proporcionalidade, como sustentamos no início desta obra, apesar de não se encontrar expressamente positivado na Constituição Federal, tem a sua existência reconhecida pela doutrina e pela jurisprudência como fruto do Estado democrático de Direito, de seus princípios e garantias fundamentais.

O princípio da proporcionalidade, pois, é um instrumento *protetor* do cidadão, que visa, entre os meios disponíveis, a opção pelo de menor restrição, e não uma ferramenta legitimadora de *lesões* e *violações* extralegais aos direitos fundamentais para a busca de *provas* no processo penal.

Este o entendimento já adotado pelo Supremo Tribunal Federal:

"Objeção de princípio – em relação à qual houve reserva de Ministros do Tribunal – à tese aventada de que à garantia constitucional da inadmissibilidade da prova ilícita se possa opor, com o fim de dar-lhe prevalência em nome do princípio da proporcionalidade, o interesse público na eficácia da repressão penal em geral ou, em particular, na de determinados crimes: é que, aí, foi a Constituição mesma que ponderou os valores contrapostos e optou – em prejuízo, se necessário da eficácia da persecução criminal – pelos valores fundamentais, da dignidade humana, aos quais serve de salvaguarda a proscrição da prova ilícita" (HC 79.512, Rel. Min. Sepúlveda Pertence, julgamento em 16-12-99, Plenário, *DJ* de 16-5-03)

"Da explícita proscrição da prova ilícita, sem distinções quanto ao crime objeto do processo (CF, art. 5º, LVI), resulta a prevalência da garantia nela estabelecida sobre o interesse na busca, a qualquer custo, da verdade real no processo: consequente impertinência de apelar-se ao princípio da proporcionalidade – à luz de teorias estrangeiras inadequadas à ordem constitucional brasileira – para sobrepor, à vedação constitucional da admissão da prova ilícita, considerações sobre a gravidade da infração penal objeto da investigação ou da imputação." (HC 80.949, Rel. Min. Sepúlveda Pertence, julgamento em 30-10-01, Primeira Turma, *DJ* de 14-12-01).

Em uma única hipótese, no entanto, cremos ser admissível a busca e apreensão coletiva: quando, após investigação, elementos apontem para a localização de "cativeiro" de vítima – especialmente, portanto, nos crimes de sequestro - em determinada região, mas não sejam suficientes a indicar, com precisão, o imóvel em que se situa.

Isto porque, neste caso, ao reverso da busca de provas da prática de crimes, o bem jurídico da vítima – liberdade e até mesmo a vida – colocado sob risco encontra-se em patamar *superior* na escala valorativa em relação àquele de terceiros que nada têm a ver com o crime e que sofrerão a violação pela busca – intimidade, vida privada.

A proporcionalidade, então, nesta hipótese – e somente aqui –, teria plena aplicabilidade, de forma que o grau de restrição aos direitos fundamentais para *socorro* do ofendido justificaria, excepcionalmente, a busca e apreensão coletiva.

Mas ainda que rejeitado o princípio da proporcionalidade para a adoção da medida, esta encontraria respaldo no princípio da *solidariedade*, previsto pelo art. 3º, inciso I, da Constituição Federal, que não tem uma função meramente retórica ou programática.

Como bem observa Maria Celina Bodin de Moraes, a solidariedade, "longe de representar um vago programa político ou algum tipo de retoricismo, estabelece um princípio jurídico inovador em nosso ordenamento, a ser levado em conta não só no momento da elaboração da legislação ordinária e na execução das políticas públicas, mas também nos momentos de interpretação-aplicação do Direito, por seus operadores e demais destinatários, isto é, pelos membros de toda a sociedade". E prossegue esta autora: "a solidariedade como valor deriva da consciência racional dos interesses em comum, interesses esses que implicam, para cada membro, a obrigação moral de *não fazer aos outros o que não se deseja que lhe seja feito*"[30], e poderíamos completar: admitir em favor dos outros o que desejaria que fosse admitido em seu favor em uma situação de similitude[31].

A observância e a concretização do princípio da *solidariedade* viabilizam o equilíbrio entre pessoa e sociedade, interesses individuais e coletivos e orientam a formulação de um Direito de feição personalista, que logre não incorrer nos excessos do coletivismo – o interesse coletivo *sempre* prepondera sobre o direito individual, tratando-se o indivíduo de mero apêndice da sociedade – ou do individualismo – a pessoa supera a coletividade e dela pode esperar a resolução de todos os seus problemas, sobrepondo-se o seu ego ao interesse social.

Com efeito, conforme sustenta Juan Manuel Burgos, a sociedade é um emaranhado de relações que deve estar a serviço das *pessoas* concretas, não de anônimas forças coletivas. "Porém, a pessoa, de sua parte, não deve ser um mero receptor egoísta dos benefícios que lhe proporcionam essas relações, mas deve pôr seu esforço a serviço dos demais. Este é o núcleo central sobre o qual se funda a doutrina personalista da relação do homem com a sociedade"[32]. O *personalismo* não se confunde com o *individualismo*, pois dá prioridade à pessoa – a todas elas e, por isso, põe em relevo a comunidade – e não apenas ao *eu individual*, o que significa exigir, de cada um, o respeito ao *valor singular* e inalienável *da outra* pessoa, bem como ao seu próprio[33], pois o agir centrado apenas em um ego individual, com a exclusão ou menosprezo pelos outros, é incompatível com a vida em comum[34].

Logo, postas estas premissas, podemos afirmar que a busca e apreensão coletiva, tratando-se de procedimento que não encontra amparo no art. 243 do CPP, não é admissível exclusivamente como meio de obtenção de provas no processo penal, pois o *fim* almejado não autoriza a infração à estrita legalidade, o que implica a *ilicitude* das provas dela decorrentes; com fulcro no princípio da *solidariedade*, para a busca e *socorro* de pessoas vítimas de crimes e para salvaguarda de sua vida e liberdade – valores de igual ou superior hierarquia aos atingidos e estreitamente ligados ao fundamento constitucional da dignidade da pessoa humana -, no entanto, deve ser admitida excepcionalmente, pois a dignidade de cada um é problema de todos e, como assevera Marcel Conche: "não posso salvaguardar minha dignidade humana aceitando para outro o que é indigno (...). O discurso moral é o discurso da dignidade do homem como noção ao mesmo tempo individual e universal"[35]. Em tal caso, portanto, tratando-se de medida excepcional *justificada* – lícita -, as provas eventualmente obtidas encontrariam admissibilidade no processo penal.

2.7. Busca e Apreensão em Escritórios de Advocacia

Outro tema que também provoca acaloradas discussões trata-se da realização de buscas em escritórios de advogados.

Dispõe o art. 7º, inciso II, da Lei 8.906 de 04.7.1994 (EOAB), com a redação que lhe deu a Lei n. 11.767 de 07.8.2008, que é direito do advogado "a inviolabilidade de seu escritório ou local de trabalho, bem como de seus instrumentos de trabalho, de sua correspondência escrita, eletrônica, telefônica e telemática, desde que relativas ao exercício da advocacia".

A regra, portanto, é a da inviolabilidade do escritório, materiais e instrumentos de trabalho do advogado, uma vez que indispensável ao exercício da ampla defesa, valor que possui raiz constitucional e é "consectário da inviolabilidade assegurada ao advogado no exercício profissional"[36]. A inviolabilidade, pois, está ligada ao *exercício da advocacia e à garantia da ampla defesa*, e não à pessoa ou ao "grau" do advogado, de forma que se limita a esse exercício, não se estendendo à sua residência ou local que não guarde nexo com a atividade. Neste sentido:

AGRAVO REGIMENTAL NO HABEAS CORPUS. ESTELIONATO, QUADRIALHA, FALSIDADE E USO DE DOCUMENTO FALSO. BUSCA E APREENSÃO AUTORIZADA NA RESIDÊNCIA DOS IN-VESTIGADOS. AUSÊNCIA DE REPRESENTANTE DA OAB NO ACOMPANHAMENTO DAS DILIGÊNCIAS. DOMICÍLIO QUE NÃO ERA EXTENSÃO DO LOCAL DE TRABALHO. PREMISSA FÁ-TICA FIRMADA PELAS INSTÂNCIAS ORDINÁRIAS. IMPOSSIBI-LIDADE DE ALTERAÇÃO EM SEDE MANDAMENTAL.

1. A teor do art. 7º, II, do Estatuto da Advocacia, é direito do advogado a inviolabilidade de seu escritório ou local de traba-lho, bem como de seus instrumentos de trabalho, de sua cor-respondência escrita, eletrônica, telefônica e telemática, desde que relativas ao exercício da advocacia. No entanto, presentes indícios de autoria e materialidade da prática de crime por parte de advogado a autoridade judiciária competente poderá decre-tar a quebra da inviolabilidade, em decisão motivada, expedindo mandado de busca e apreensão, específico e pormenorizado, a ser cumprido na presença de representante da OAB (§ 6º do art. 7º do mesmo diploma legal).

2. No caso, as instâncias ordinárias afirmaram que a residência dos investigados não seria extensão do local de trabalho, o que impediria a aplicação do dispositivo legal em exame. Por outro lado, modificar a premissa fática estabelecida na origem de que o local onde foram executados os mandados de busca e apreensão e, consequentemente, apreendidos documentos (residência dos pacientes), não era escritório ou local de trabalho, demandaria o

revolvimento do material fático/probatório dos autos, o que é inviável em sede do remédio constitucional.

3. Agravo regimental improvido. (AgRg no HC 349.811/MG, Rel. Ministro REYNALDO SOARES DA FONSECA, QUINTA TURMA, julgado em 27/11/2018, DJe 10/12/2018)

A inviolabilidade do escritório, todavia, não é – e nem poderia ser - absoluta, pois o que pretende a norma é resguardar a liberdade, o segredo e inviolabilidade profissional, o pleno exercício do *direito de defesa*, e não o acobertamento ou a prática de crimes.

Nesta esteira, prevê o § 6º, do art. 7º, do EOAB, que, sendo o advogado *investigado*, isto é, presentes indícios da autoria e materialidade de crime de sua autoria ou que tenha contado com a sua participação, poderá a autoridade judiciária competente decretar a *quebra* da inviolabilidade do escritório ou local de trabalho, em decisão motivada, expedindo, para tanto, mandado de busca e apreensão específico e pormenorizado, a ser cumprido na presença de representante da OAB, sendo, em qualquer hipótese, vedada a utilização dos documentos, das mídias e dos objetos pertencentes *a clientes* do advogado averiguado, bem como dos demais documentos de trabalho que contenham informações sobre clientes – ou seja, a *terceiros*.

A busca e apreensão em escritórios de advocacia, desde que recaiam os indícios sobre a *pessoa do advogado*, é admitida pela jurisprudência do STJ e do STF. A título de ilustração:

NULIDADE DA BUSCA E APREENSÃO EFETUADA EM ESCRITÓRIO DE ADVOCACIA.INVIOLABILIDADE RELATIVA. ART. 7º, § 6º, DO ESTATUTO DA ORDEM DOS ADVOGADOS DO BRASIL. INVESTIGAÇÃO DE SUPOSTO DELITO COMETIDO PELO ADVOGADO. AUSÊNCIA DE IRREGULARIDADE FORMAL NA DECISÃO JUDICIAL QUE DETERMINOU A MEDIDA CAUTELAR. FUNDA-

MENTAÇÃO IDÔNEA. INDICAÇÃO DE PARTICULARIDADES DO CASO. CONSTRANGIMENTO ILEGAL NÃO EVIDENCIADO.

1. A inviolabilidade do escritório de advocacia não é absoluta, ideia inclusive consagrada na própria Lei nº 8.906/94, em seu art. 7º, inciso II, combinado com seu § 6º - este incluído com o advento da Lei nº 11.767/2008 -, de tal sorte que é permitido nele ingressar para cumprimento de mandado de busca e apreensão - específico e pormenorizado - determinado por Magistrado de forma fundamentada, desde que presentes indícios de autoria e materialidade da prática de crime por parte de advogado.

2. Na hipótese dos autos, o Juiz monocrático fundamentou a decisão que determinou a busca e apreensão, indicando expressamente as hipóteses do art. 240, § 1º, do Código de Processo Penal que embasaram a providência, quais sejam, as previstas nas alíneas "c", "d" e "h" do referido preceito legal, apresentando as peculiaridades do caso concreto e especificando os endereços onde a medida deveria ser cumprida, concluindo pela necessidade da cautelar para a instrução criminal, imprescindível para a identificação das relações mantidas entre os supostos participantes da organização, tudo em conforme ao disposto no ordenamento processual penal vigente.

3. Recurso parcialmente prejudicado e, na parte remanescente, improvido.(RHC 21.455/RJ, Rel. Ministro JORGE MUSSI, QUINTA TURMA, julgado em 26/10/2010, DJe 13/12/2010)

"O sigilo profissional constitucionalmente determinado não exclui a possibilidade de cumprimento de mandado de busca e apreensão em escritório de advocacia. O local de trabalho do advogado, desde que este seja investigado, pode ser alvo de busca e apreensão, observando-se os limites impostos pela autoridade judicial. Tratando-se de local onde existem documentos que dizem respeito a outros sujeitos não investigados, é indispensável a especificação do âmbito de abrangência da medida, que não poderá ser executada sobre a esfera de direitos de não investigados. Equívoco quanto à indicação do escritório profissional do paciente, como seu endereço residencial, deve ser prontamente comunicado ao magistrado para adequação da ordem em relação às cautelas necessárias, sob pena de tornar nulas as provas oriundas da medida e todas as outras exclusivamente delas decorrentes. Ordem concedida para declarar a nulidade das provas oriundas da busca e apreensão no escritório de advocacia do paciente, devendo o material colhido ser desentranhado dos autos do Inq 544 em curso no STJ e devolvido ao paciente, sem que tais provas, bem assim quaisquer das informações oriundas da execução da medida, possam ser usadas em relação ao paciente ou a qualquer outro investigado, nesta ou em outra investigação." (HC 91.610, Rel. Min. Gilmar Mendes, julgamento em 8-6-2010, Segunda Turma, *DJE* de 22-10-2010.)

Por constituir *pressuposto* para a sua efetivação, a ausência do representante da OAB ao ato – se em virtude de *omissão* da autoridade judiciária ou dos responsáveis pela execução da medida –, implica a *ilegitimidade* da prova colhida durante a diligência e, em consequência, a ilicitude daquelas dela decorrentes.

Entendemos que solução diversa, todavia, deve ser adotada em hipótese de a omissão não ser imputável ao poder público, mas à própria OAB em indicar o seu representante, ou deste em acompanhar a diligência.

Isto porque, em se tratando a busca e apreensão de medida de natureza *cautelar*, de caráter urgente e cuja finalidade precípua é a *preservação* da prova, seu cumprimento, adotadas as providências legalmente previstas pelo juízo e pelos agentes dela encarregados – isto é, observado estritamente o princípio da legalidade –, não pode restar sujeito à vontade discricionária de entidade ou pessoa estranha ao processo, cuja presença ao ato tem por único escopo a preservação das prerrogativas da advocacia, e não a "revisão", por vias transversais, da conveniência e oportunidade da medida. Nestes casos, portanto, de omissão da OAB quanto à indicação ou de recusa do representante indicado a acompanhar a diligência, sustentamos que a busca e apreensão é dotada de legitimidade e a prova dela decorrente não padece de qualquer mácula.

A busca e apreensão, contudo, reitere-se, deverá cingir-se aos elementos relativos à pessoa do advogado – ou do coautor ou partícipe do crime -, não podendo recair sobre documentos de pessoas ou clientes estranhos à investigação.

Também possível a busca em escritórios de advocacia, conforme art. 243, § 2º, do CPP, para apreensão de documento que esteja em poder do defensor e que constitua *elemento do corpo de delito*.

É que, nesta hipótese, a retenção do "corpo de delito", a par de não ser o advogado o investigado pela prática do crime, caracteriza um *ato ilícito*, afastado do exercício da ampla defesa, uma vez que pode, inclusive, caracterizar os crimes de receptação (art. 180, do Código Penal) ou favorecimento real (art. 349, do Código Penal).

Este, aliás, o ensinamento de Espínola Filho: "Que a exceção, porém, não deva chegar ao ponto de subtrair ao poder de apreensão da justiça pública os corpos de delito é o que se justifica perfeitamente (...). Aliás, pelo fato de tratar-se de defensor do acusado, não ficam excluídas as figuras do crime de receptação (art. 180 do Código Penal: adquirir, receber ou ocultar, em proveito próprio ou alheio, coisa que sabe ser produto de crime...) e do favorecimento real (art. 349 do Código Penal: prestar ao criminoso, fora dos casos de coautoria ou de receptação, auxílio destinado a tornar seguro o proveito do crime)".[37]

3. BUSCA PESSOAL

3.1. Conceito e Requisitos

Trata-se a busca pessoal, como sustenta Magalhães Noronha, citando Manzini, da revista "do corpo e das vestes de alguém para apreensão de coisas ou objetos probatórios (...) a busca material feita no corpo ou no âmbito da custódia aderente ao corpo de uma determinada pessoa"[38].

Além do corpo e vestes aderentes, integra também busca pessoal a procura de instrumentos, produtos ou objetos de crimes em pastas, malas e bolsas trazidas com o sujeito passivo da diligência, e veículos por ele conduzidos ou ocupados.

Constitui a *busca pessoal* de que trata o Código de Processo Penal, portanto, ato de natureza cautelar, destinado, em regra, à produção de provas para a investigação criminal ou processo penal.

A busca pessoal pode ser efetivada mediante mandado – ou no curso do cumprimento da busca domiciliar - ou independentemente de autorização judicial, no caso de cumprimento de *mandado de prisão*, ou ainda quando houver *fundada suspeita* de que a pessoa esteja na posse de arma proibida ou de objetos ou papéis que constituam *corpo de delito*.

Por se tratar de medida que restringe direitos fundamentais do cidadão como a *liberdade* – especialmente a de locomoção - e a sua integridade moral, condiciona a lei a realização da busca à existência de *fundada suspeita*. Mas em quê consiste tal requisito?

Evidentemente que a *suspeita* tem um componente *subjetivo*, por se tratar de condição levantada por um terceiro observador. Somente a *convicção* ou *desconfiança íntima* da autoridade ou de seus agentes, todavia, não basta, pois exige a lei a existência da suspeita, mas que também seja *fundada*, isto é, que tenha algum *fundamento*, *substrato* que lhe dê credibilidade e, pois, um componente *objetivo*. Guilherme Souza Nucci sustenta: "Suspeita é uma desconfiança ou suposição, algo intuitivo e frágil, por natureza, razão pela qual a norma exige fundada suspeita, que é mais concreto e seguro. Assim, quando um policial desconfiar de alguém, não poderá valer-se, unicamente, de sua experiência ou pressentimento, necessitando, ainda, de algo mais palpável, como a denúncia feita por terceiro de que a pessoa porta o instrumento usado para o cometimento do delito, bem como pode ele mesmo visualizar uma saliência sob a blusa do sujeito, dando nítida impressão de se tratar de um revólver. Enfim, torna-se impossível e impróprio enumerar todas as possibilidades autorizadoras de uma busca, mas continua sendo curial destacar que a autoridade encarregada da investigação ou seus agentes podem - e devem - revistar pessoas em busca de armas, instrumentos do crime, objetos necessários à prova do fato delituoso, elementos de convicção, entre outros, agindo escrupulosa e fundamentadamente"[39].

Cremos que a fundada suspeita que legitima a busca pessoal independentemente de mandado é aquela que está de acordo com e que decorre das "regras de experiência", ou seja, a circunstância que, no cotidiano da atividade investigatória e/ou policial, revela a suspeição que pesa sobre determinadas atitudes, posturas e comportamentos. Assim, para a busca e apreensão pessoal, embora não se admita a *arbitrariedade* ou a *discricionariedade* sem qualquer fundamentação, também não se pode exigir a presença de elementos de convicção que, por si sós, já constituam *indícios* da prática de crimes, pois exigência desta natureza praticamente inviabilizaria o exercício da atividade policial.

Logo, haverá *fundada suspeita*, a título de exemplo, em hipótese de, com a aproximação da viatura policial, tentar o sujeito passivo da busca evadir-se; também o nervosismo demonstrado com a aproximação dos agentes da autoridade pode, eventualmente, implicar a fundada suspeita; ou ainda, logo depois da prática de um crime, deparar-se o policial com pessoa com trajes semelhantes aos descritos pela vítima.

Com relação à busca pessoal em mulher, dispõe o art. 249, do Código de Processo Penal, que *"será* feita por outra mulher, se não importar retardamento ou prejuízo da diligência"[40].

Tem por escopo a norma a salvaguarda da intimidade e dignidade da mulher, somente podendo ser afastado o requisito da realização da busca por outra mulher se implicar o *retardamento* ou *prejuízo* da diligência.

Por envolver *direitos fundamentais*, a exceção à regra deve, a nosso ver, ser interpretada *restritivamente*.

Assim, autorizada a busca de mulher por homem apenas se o *retardamento* da providência implicar risco à diligência – investigação – ou certeza de danos à apuração do fato criminoso – *prejuízo*. Se, portanto, finalizados os trabalhos investigatórios, já não houver mais qualquer risco aos envolvidos na apuração e nem à investigação propriamente dita, a mera demora para a chegada de outra mulher para a realização da revista ou busca pessoal não justificará a sua efetivação por homem e, violação a este direito, ausente justificativa razoável, encontrará subsunção ao delito de abuso de autoridade e implicará a ilicitude da prova.[41]

3.2. Busca pessoal por guardas civis

Outra questão que se levanta a respeito da (i)licitude da prova refere-se à busca pessoal realizada por guardas municipais.

A Constituição Federal, em seu art. 144, § 8º, dispõe que poderão os Municípios constituir guardas municipais para "proteção de seus bens, serviços e instalações, conforme dispuser a lei".

No plano da *segurança pública*, portanto, as guardas municipais exercem ou devem exercer o papel restrito de proteção de bens públicos – móveis e imóveis – e serviços pertencentes à municipalidade. Trata-se, portanto, de atividade eminentemente *preventiva*, não relacionada à apuração de infrações penais.

Isto não significa, entretanto, que aos guardas seja vedada a prisão de quem esteja em situação flagrancial e, nestas circunstâncias, a realização de busca pessoal.

Com efeito, na dicção do art. 301, do Código de Processo Penal, *qualquer do povo poderá* prender quem quer que seja encontrado em flagrante delito, de forma que inexiste fundamento para se retirar a legitimidade de atuação de guarda civil nessa situação. Este, aliás, o posicionamento pacífico do TJSP e do Superior Tribunal de Justiça:

REVISÃO CRIMINAL. TRÁFICO DE DROGAS. Preliminar. Prisão ilegal, levada a efeito por agentes da Guarda Civil Metropolitana. Nulidade. Não reconhecimento. Vício procedimental descaracterizado. Mérito. Fragilidade probatória. Teses já analisadas e refutadas na sentença, confirmadas em sede de apelação. Inviabilidade da utilização da ação de revisão criminal para reapreciação de provas. PRELIMINAR REJEITADA. REVISÃO CRIMINAL JULGADA IMPROCEDENTE (TJSP; Revisão Criminal 2261128-76.2018.8.26.0000; Relator (a): Camargo Aranha Filho; Órgão Julgador: 8º Grupo de Direito Criminal; Foro de Americana - 2ª Vara Criminal; Data do Julgamento: 18/06/2019; Data de Registro: 19/06/2019)

ENTORPECENTES. TRÁFICO (artigo 33, caput, da Lei nº

11.343/06). Paciente preso em flagrante por guardas civis em poder de maconha e cocaína, embaladas individualmente, prontas para venda. Alegação de nulidade por ter sido a prisão realizada por guardas municipais. Nulidade inexistente. Pleito de abrandamento do regime prisional pela aplicação do instituto da detração (art. 387, § 2º, do CPP). Impossibilidade de exame da questão nesta sede. Matéria a ser analisada pelo Juízo da Execução, diante do trânsito em julgado da condenação. Cerceamento de defesa. Inocorrência. Constrangimento ilegal inexistente. Ordem denegada. (TJSP; Habeas Corpus Criminal 2098756-49.2019.8.26.0000; Relator (a): Tristão Ribeiro; Órgão Julgador: 5ª Câmara de Direito Criminal; Foro de Porto Feliz - 2ª Vara; Data do Julgamento: 12/07/2019; Data de Registro: 12/07/2019)

HABEAS CORPUS. TRÁFICO DE DROGAS. ALEGAÇÃO DE CONSTRANGIMENTO ILEGAL. PLEITO PELA REVOGAÇÃO DA PRISÃO PREVENTIVA. CIRCUNSTÂNCIAS AUTORIZADORAS PRESENTES. DECISÃO FUNDAMENTADA. POSTULA O RECONHECIMENTO DE NULIDADE NA PRISÃO EM FLAGRANTE. A PRESERVAÇÃO DA ORDEM PÚBLICA É RESPONSABILIDADE DE TODOS, SENDO DEVER DAQUELES QUE COMPÕEM A SEGURANÇA PÚBLICA. PRECEDENTES.

A Quinta Turma deste Sodalício expõe que pode a Guarda Municipal, inobstante sua atribuição constitucional (art. 144, § 8º, CF), bem como qualquer do povo, prender quem quer que seja encontrado em flagrante delito (art. 301, CPP). Ordem denegada. (HC 194.392/SP, Rel. Ministro ADILSON VIEIRA MACABU (DESEMBARGADOR CONVOCADO DO TJ/RJ), QUINTA TURMA, julgado em 16/02/2012, DJe 15/03/2012)

PROCESSUAL PENAL. HABEAS CORPUS. TRÁFICO ILÍCITO DE ENTORPECENTES. PRISÃO EM FLAGRANTE. GUARDA MUNICI-

PAL. NULIDADE DA AÇÃO PENAL. INEXISTÊNCIA. ART. 301 DO CPP. ORDEM DENEGADA.

1. A prisão em flagrante efetuada pela Guarda Municipal, ainda que não esteja inserida no rol das suas atribuições constitucionais (art. 144, § 8º, da CF), constitui ato legal, em proteção à segurança social.

2. Se a qualquer do povo é permitido prender quem quer que esteja em flagrante delito, não há falar em proibição ao guarda municipal de proceder à prisão.

3. Eventual irregularidade praticada na fase pré-processual não tem o condão de inquinar de nulidade a ação penal, se observadas as garantias do devido processo legal, da ampla defesa e do contraditório, restando, portanto, legítima a sentença condenatória.

4. Ordem denegada. (HC 129.932/SP, Rel. Ministro ARNALDO ESTEVES LIMA, QUINTA TURMA, julgado em 15/12/2009, DJe 01/02/2010)

Solução distinta, todavia, há de ser tomada em hipóteses nas quais a guarda civil *extrapole* a sua missão constitucional para ingressar em seara da polícia civil ou da polícia militar.

De fato, sob pena de subversão da ordem constitucional, não há de se admitir – embora pese o respeito que merece o posicionamento contrário - a prática, por guardas civis, de atos próprios de *polícia judiciária*[42] ou de policiamento ostensivo e preservação da ordem pública, estes últimos próprios da polícia militar.

Pensamos que, em casos tais, a incompetência funcional implica ilicitude da violação do direito constitucional – liberdade, incolumidade física e moral – atingido pela busca e, por consequência, a ilicitude também da prova colhida a partir da violação indevida.

3.3. Busca por seguranças particulares

Questão que também tem suscitado vivo debate é a respeito da possibilidade de realização de buscas pessoais por corpos de segurança de entidades particulares, no desenvolvimento de sua atividade.

Entendemos que, embora, evidentemente, agentes de segurança particular não integrem a *segurança pública*, há de se lhes conferir, no âmbito de sua atividade, especialmente em locais de grande fluxo de pessoas – estações rodoviárias e ferroviárias, aeroportos, shoppings centers – a possibilidade de verificação dos usuários, até mesmo para se evitar a prática de ilícitos penais ou atos violentos.

Assim, havendo fundada suspeita e tendo por escopo a *segurança* dos usuários, poderiam os agentes particulares abordar e, se a hipótese, "revistar" pessoas no interior de seu campo de atuação, o que implicaria a licitude da prova nessas condições produzida.

O Superior Tribunal de Justiça, por uma de suas Turmas, contudo, orientou-se em sentido contrário, para não acolher a prova obtida em tais circunstâncias e, em consequência, absolver o acusado:

HABEAS CORPUS SUBSTITUTIVO DE RECURSO PRÓPRIO. DESCABIMENTO. TRÁFICO DE DROGAS. ILICITUDE DA PROVA. REVISTA PESSOAL REALIZADA NO AGENTE POR INTEGRANTES DA SEGURANÇA PRIVADA DA COMPANHIA PAULISTA DE TRENS METROPOLITANOS – CPTM. IMPOSSIBILIDADE. WRIT NÃO CONHECIDO. ORDEM CONCEDIDA DE OFÍCIO. 1. Diante da hipótese de habeas corpus substitutivo de recurso próprio, a impetração não deve ser conhecida, segundo orientação jurisprudencial do Supremo Tribunal Federal – STF e do Superior

Tribunal de Justiça – STJ. Contudo, ante as alegações expostas na inicial, afigura-se razoável a análise do feito para verificar a existência de eventual constrangimento ilegal. Não é cabível a utilização do habeas corpus como substitutivo do meio processual adequado. 2. Discute-se nos autos a validade da revista pessoal realizada por agente de segurança privada da Companhia Paulista de Trens Metropolitanos – CPTM. 3. Segundo a Constituição Federal – CF e o Código de Processo Penal – CPP somente as autoridades judiciais, policiais ou seus agentes, estão autorizados a realizarem a busca domiciliar ou pessoal. 4. Habeas corpus não conhecido. Todavia, concedida a ordem, de ofício, para absolver o paciente, com fulcro no art. 386, inciso II, do CPP. (STJ – 5ª T. - HABEAS CORPUS Nº 470.937 – SP – Rel. Joel Ilan Paciornik, j. 04.6.2019)

3.4. Busca não processual - administrativa

Ao lado dos trabalhos típicos de *polícia judiciária* exercidos pela Polícia Federal (art. 144, § 1º, inciso IV, da CF) e pelas Polícias Civis dos Estados (art. 144, § 4º, da CF), que têm por escopo a investigação e eventual produção de provas em processo penal, a *Segurança Pública* é integrada por outros órgãos que desempenham atividades de policiamento ostensivo, vigilância, patrulhamento e manutenção da ordem pública, e que, no desenvolvimento de tais misteres, eventualmente realizam buscas em *pessoas* ou *coisas*.

Esta modalidade de busca, a nosso ver, não se confunde com a medida cautelar realizada sob o enfoque do processo penal, mas possui natureza *administrativa* e finalidade nitidamente *preventiva*.

À busca administrativa ou não processual, em vista de seu caráter especialmente *preventivo* e de exercício do poder de polícia – *administrativo*[43] -, não podem ser exigidos todos os requisitos

ANTONIO CARLOS SANTORO FILHO

da busca *processual*, como, por exemplo, a "fundada suspeita"[44] ou a prévia expedição de mandado judicial.

Logo, há de se admitir, sob pena de inviabilização da função *preventiva* do policiamento - e, em consequência, graves danos à paz e segurança públicas -, as revistas efetivadas na entrada de presídios ou prédios públicos, notadamente aqueles afetos à Justiça ou a órgãos da segurança pública; a verificação de bagagem e de passageiros realizada em aeroportos; os "comandos" ou bloqueios parciais de estradas ou vias públicas pelas polícias rodoviárias e militares para aferição da documentação de veículos ou bens transportados; a verificação de documentos e bolsas de transeuntes em comunidades resgatadas do "crime organizado", nas quais foram estabelecidas Unidades Policiais de Pacificação (UPPs).

Em todas essas hipóteses a limitação – e não supressão - do direito individual encontra-se de acordo com o princípio da razoabilidade e é justificada pela concreção dos valores *segurança* e *bem-estar* social, também de índole constitucional. A invocação desses valores, no entanto, não pode se prestar a *excluir* os direitos individuais, cabendo ao Poder Judiciário, em tal caso, o restabelecimento das liberdades públicas e o afastamento do abuso de poder.

4. COMISSÕES PARLAMENTARES DE INQUÉRITO

Dispõe o art. 58, § 3º, da Constituição Federal, que: "As comissões parlamentares de inquérito [CPIs], que terão poderes de investigação próprios das autoridades judiciais, além de outros previstos nos regimentos das respectivas Casas, serão criadas pela Câmara dos Deputados e pelo Senado Federal, em conjunto ou separadamente, mediante requerimento de um terço de seus membros, para a apuração de fato determinado e por prazo certo, sendo suas conclusões, se for o caso, encaminhadas ao Ministério Público, para que promova a responsabilidade civil ou criminal dos infratores."

Osmar de Oliveira Aguiar bem esclarece que: "As CPIs são uma projeção orgânica do Poder Legislativo, com o propósito de exercer a função fiscalizatória de fato determinado, relacionado a atos de improbidade. Esse fato, por sua vez, não se resume a situações de interesse de outro membro da CPI, mas de interesse público".[45]

Possuem as CPIs, na dicção do citado dispositivo constitucional, *poderes de investigação próprios das autoridades judiciais.*

A leitura isolada da previsão poderia levar à conclusão de que as CPIs teriam poderes idênticos aos do Judiciário com referência aos atos probatórios. Logo, estariam autorizadas, também, a decretar a busca e apreensão de pessoas e coisas, se presentes os pressupostos do art. 240, do Código de Processo Penal.

Esta não é, todavia, a posição que prevalece na doutrina e na jurisprudência.

Com efeito, como é cediço, a lei – e com maior razão, também a Constituição – não possui palavras inúteis. Assim, ao prever de forma expressa que somente por *determinação judicial* poderá haver o afastamento da garantia da inviolabilidade do domicílio, estabeleceu o constituinte uma cláusula de "reserva de jurisdição", de indispensabilidade de autorização judicial *prévia* para o afastamento do direito fundamental.

A *aparente* antinomia entre os dispositivos constitucionais deve ser resolvida nos seguintes termos: as CPIs têm os mesmos poderes – investigatórios - atribuídos às autoridades judiciais, *salvo* quando a própria Constituição, por *expressa previsão[46]*, atribuir com exclusividade aos membros do Poder Judiciário a prática de determinado ato.

Este posicionamento foi bem explicado pelo Min. Celso de Mello, no julgamento do MS n. 23.452-RJ: "o postulado de reserva constitucional de jurisdição importa em submeter, à esfera única de decisão dos magistrados, a prática de determinados atos cuja realização, por efeito de explícita determinação constante do próprio texto da Carta Política, somente pode emanar do juiz, e não de terceiros, inclusive daqueles a quem haja eventualmente atribuído o exercício de poderes de investigação próprios das autoridades judiciais". E neste sentido tem se orientado a jurisprudência do STF:

"Entendimento do STF segundo o qual as CPI'S não podem decretar bloqueios de bens, prisões preventivas e buscas e apreensões de documentos de pessoas físicas ou jurídicas, sem ordem judicial. Precedentes". (MS 23.455, Rel. Min. Néri da Silveira, julgamento em 24-11-99, Plenário, *DJ* de 7-12-00)

"Mandado de segurança contra ato do Presidente da Comissão Parlamentar de Inquérito destinada a investigar o avanço e a impunidade do narcotráfico. Apreensão de documentos e equipamentos sem fundamentação em locais invioláveis. Parecer da Procuradoria-Geral da República pela concessão da ordem.

O fato da autorização judicial para a perícia dos equipamentos, oriunda de autoridade judiciária de primeiro grau, após a apreensão, sem mandado judicial, não legitima os resultados da perícia que se tenha realizado ou em curso. Mandado de segurança que se defere para determinar a devolução dos bens e documentos apreendidos, declarando-se ineficaz eventual prova decorrente dessa apreensão com infração do art. 5º, XI, da Lei Maior."(MS 23.642, Rel. Min. Néri da Silveira, julgamento em 29-11-00, Plenário, *DJ* de 9-3-01)

"*Habeas Corpus*. Formação de quadrilha visando à prática de crimes contra o INSS. Denúncia baseada, entre outros elementos, em provas coletadas por meio de busca e apreensão domiciliar ordenada por Comissão Parlamentar de Inquérito, em decisão não fundamentada, o que tem sido repelido por esta Corte (Mandados de Segurança ns. 23.452, 23.454, 23.619 e 23.661, entre outros). Denúncia que aponta a materialidade do delito, bem como indícios de autoria fortemente demonstrados por outros documentos, testemunhos e elementos carreados pelo Ministério Público. Inépcia da peça acusatória não configurada. Ordem concedida em parte, para o efeito de excluir os papéis que foram objeto da busca e apreensão irregular." (HC 80.420, Rel. Min. Ellen Gracie, julgamento em 28-6-01, 1º Turma, *DJ* de 01-2-02)

Conclui-se, pois, com amparo na jurisprudência dominante, que pelo princípio da *reserva de jurisdição* vedado está às Comissões Parlamentares de Inquérito a decretação de ordens de busca e apreensão. Contrariado este princípio, a prova eventualmente obtida na diligência, e as dela diretamente decorrentes, estarão carregadas de ilicitude e serão inadmissíveis no processo penal.

5. ASPECTOS PENAIS

5.1. Violação de Domicílio

O art. 150 do Código Penal assim tipifica o crime de violação de domicílio: "Entrar ou permanecer, clandestina ou astuciosamente, ou contra a vontade expressa ou tácita de quem de direito, em casa alheia ou em suas dependências".

Trata-se de ilícito penal que pode ser cometido por qualquer pessoa, inclusive pelo proprietário ou possuidor indireto do bem, se o imóvel estiver sendo utilizado, na oportunidade, como casa de outrem.

O sujeito passivo do delito é o morador, o titular da casa e, por consequência, do bem violado.

Quanto ao bem jurídico tutelado, trata-se, a nosso ver, não apenas da liberdade (Capítulo IV do Código Penal), mas também da vida privada e da intimidade dos moradores.

O ilícito em questão admite apenas a modalidade *dolosa*, de forma que, para a subsunção da conduta ao tipo, indispensável é que o sujeito ativo aja com a vontade consciente de entrar ou permanecer em casa alheia ou em suas dependências, *contra a vontade* de quem de direito ou sem o seu conhecimento – clandestina ou astuciosamente.

O desconhecimento da oposição por parte do morador, ou de que se trata o local de compartimento habitado, aposento ocupado ou habitação coletiva, ou ainda de que constitui local de exercício de profissão ou atividade, não aberto ao público, exclui o dolo do comportamento e, pois, afasta a tipicidade – subjetiva – da conduta. Do mesmo modo, se incorrer o agente em *erro* sobre o conceito de casa, por se tratar de elemento constitutivo do tipo legal, caracterizado restará o *erro de tipo*, também excludente do dolo.

O crime em questão admite duas modalidades: a *entrada* ou a *permanência* em casa alheia contra a vontade de quem de direito.

A ação típica, pois, pode ser praticada de duas formas: entrar na casa alheia, isto é, fazer passar todo o corpo para o interior do espaço protegido[47], ou permanecer contra a vontade do dono pelo tempo suficiente a tornar inequívoca a sua oposição de não sair do ambiente.

A negação de consentimento pode ser expressa, quando manifestada por palavras ou gestos, ou tácita, quando deduzida das circunstâncias, como, por exemplo, a existência de porta fechada.

Prescinde-se da negação de consentimento – por se presumir – em hipótese de ingresso ou permanência clandestina ou astuciosa.

5.2. Abuso de Autoridade

5.2.1. Abuso de poder

Ocorre abuso de poder – em sentido lato - quando o agente público exerce aquele que lhe foi conferido com excesso de poder (o agente atua além de sua competência legal) ou com desvio de finalidade (atua com o objetivo distinto daquele para o qual foi conferido).

Caio Tácito bem explica que "o abuso de poder surge com a violação da legalidade, pela qual se rompe o equilíbrio da ordem jurídica. Tanto da legalidade externa do ato administrativo (competência, forma prevista ou não proibida em lei, objeto lícito) como da legalidade interna (existência dos motivos, finalidade). A cada um dêsses elementos de legalidade corresponde uma causa de nulidade do ato administrativo. São vícios de legalidade externa a incompetência (em cujo conceito se inclúi a usurpação de poder) o vício de forma e a ilicitude do objeto. São vícios de legalidade interna a inexistência material ou jurídica dos motivos e o desvio de poder"[48].

O crime de abuso de autoridade, no entanto, para a sua verificação, exige a *conjugação* da ilegalidade *externa*, bem como *interna* do ato: para configurar o delito a ação deve ser não apenas formal e materialmente *ilegal* – típica -, mas também dotada de *desvio de finalidade*, isto é, do dolo de abuso, da *finalidade* de *prejudicar* ou para satisfação de interesse, sentimento pessoal ou capricho.

Trata-se, portanto, da violação de direitos ou garantias individuais de outrem, com a vontade consciente de tal violação e com finalidade distinta do estrito cumprimento do dever legal, isto é, de prejudicar o ofendido ou de satisfação pessoal.

5.2.2. Agente público – conceito

Embora se trate o abuso de autoridade de *crime próprio*, a Lei n. 13.896/2019 fornece um conceito ampliado de *agente público*, passível de incursão nos tipos penais da nova legislação.

À semelhança do disposto no art. 327, do Código Penal – conceito de funcionário público para fins penais -, dispõe que, além de membros dos Poderes Executivo, Legislativo e Judiciário – detentores de poder -, podem ser sujeitos ativos dos crimes de abuso de autoridade os membros do Ministério Público, dos Tribunais ou Conselhos de contas, servidores públicos e militares e agentes da administração direta, indireta ou fundacional de qualquer dos Poderes da União, dos Estados, do Distrito Federal, dos Municípios e de Território, isto é, todo aquele que exerce, nesses entes, ainda que transitoriamente ou sem remuneração, por eleição, nomeação, designação, contratação ou qualquer outra forma de investidura ou vínculo, mandato, cargo, emprego ou função.

Como bem sintetiza Rui Stoco: "em síntese, para efeitos penais, consideram-se funcionários públicos, independentemente da forma de admissão, regime jurídico ou remuneração (ainda que não haja remuneração por parte da Administração direta ou indireta), as pessoas físicas que exerçam cargos ou funções, em caráter permanente ou transitório, na Administração Direta, Indireta (autarquias, entidades paraestatais – de que são espécies a empresa pública, a sociedade de economia mista e serviços sociais autônomos) e fundacional da União, Estado e Município e, ainda, os empregados de empresas privadas, permissionárias ou concessionárias, prestadores de serviços contratados ou participantes de convênios, para a execução de atividade típica da Administração Pública"[49].

Portanto, para fins penais – e para encerrar legitimidade para figurar como sujeito ativo dos crimes de abuso de autoridade – a lei acolhe um conceito *amplo* de agente público, no qual se incluem os agentes propriamente dotados de poder, mas também servidores e funcionários, terceirizados e, inclusive, estagiários, conforme jurisprudência já pacificada pelos Tribunais Superiores. A título de ilustração:

RECURSO ESPECIAL. PENAL. CRIME CONTRA A ADMINISTRAÇÃO PÚBLICA. PECULATO. FUNCIONÁRIO PÚBLICO. CAUSA DE AUMENTO DE PENA (CP, ART. 327, § 2º). ENTIDADES PARAESTATAIS (CP, ART. 327, § 1º). AMPLIAÇÃO DO CONCEITO DE FUNCIONÁRIO PÚBLICO PARA FINS PENAIS. EVOLUÇÃO LEGISLATIVA (LEIS 6.799/1980 E 9.983/2000). OCUPANTES DE CARGO EM COMISSÃO E ASSESSORAMENTO EM AUTARQUIAS. INTERPRETAÇÃO LÓGICO-SISTEMÁTICA. PENA PROPORCIONAL. DESFALQUE EM FUNDO DE PREVIDÊNCIA. ATENDIMENTO À VON-

TADE DA NORMA. (PRECEDENTES DO STF).

1. No Direito Penal prevaleceu, por meio de uma interpretação integradora, um conceito de funcionário público mais abrangente do que aquele definido pelo Direito Administrativo, que, a par do que já dizia o caput do artigo 327 do CP, tanto englobou o rol reproduzido no § 2º deste dispositivo, como os próprios entes autárquicos.

2. A própria causa de aumento de pena (CP, art. 327, § 2º) reforçou o entendimento daqueles que compreendiam as entidades paraestatais de maneira mais ampla, o que, por via de consequência, elasteceu o conceito de funcionário público disposto no § 1º do art. 327 do Código Penal.

3. A interpretação construída pela doutrina e jurisprudência, necessária que foi para a conformação do aludido conceito no âmbito penal, não pode ser agora olvidada mediante a literalidade estanque da majorante, para afastar o devido alcance do § 2º do art. 327 do CP a todos que a norma quis abarcar como funcionário público, sob pena de negar-se o claro objetivo do conjunto normativo. Vale dizer, por força da compreensão erigida, à imagem e semelhança da equiparação ao conceito de funcionário público, tal qual os moldes do disposto ao art. 327 do CP - com contribuição, repisa-se, do próprio § 2º -, admite-se, em matéria penal, em casos estritamente necessários, uma interpretação que corresponda ao espírito da norma.

4. Releva-se notar que não resvala em analogia in malam partem o recrudescimento da pena àqueles que desempenham seu ofício nos entes autárquicos, que, em razão do posto de alta responsabilidade, locupletaram-se às custas da Administração, porquanto ocupantes de cargo em comissão ou de chefia ou assessoramento, quando a eles - e sobretudo a eles - cabiam zelar pela coisa pública. E isso constata-se não só a partir da evolução legislativa adrede trazida, mas também pelos inúmeros instrumentos normativos de combate à corrupção de que o Estado lança à mão, ano após ano, e cuja busca permanente na defesa do

BUSCA E APREENSÃO NO PROCESSO PENAL

erário, bem como no proporcional apenamento desses agentes que mancham a carreira pública, devem ser levados em consideração pelo magistrado na interpretação da norma penal, quando da apuração dessas condutas que, infelizmente, ainda grassam em nosso país.

5. O abandono à interpretação literal - e em tudo isolada - da norma penal guarda sua necessidade para hipótese como a dos autos, em que a ora recorrida, quando ocupava cargo de chefia e de direção, em concurso com outras três pessoas, durante 12 anos, desviou, por 78 vezes, a vultosa quantia de R$ 1.649.143,05, do fundo do Instituto de Previdência do Estado do Paraná - IPE, numerário que se torna mais significativo quando se constata o rombo de fundo previdenciário, cujo desfalque tem reflexos diretos na aposentadoria e na saúde de seus beneficiários.

6. Recurso especial provido, para restabelecer a pena cominada em 1º grau, com a causa de aumento do § 2º do art. 327 do Código Penal. (REsp 1385916/PR, Rel. Ministra MARIA THEREZA DE ASSIS MOURA, Rel. p/ Acórdão Ministro ROGERIO SCHIETTI CRUZ, SEXTA TURMA, julgado em 20/02/2014, DJe 04/09/2014)

"O advogado que, por força de convênio celebrado com o Poder Público, atua de forma remunerada em defesa dos agraciados com o benefício da Justiça Pública, enquadra-se no conceito de funcionário público para fins penais (Precedentes)" (REsp. n. 902.037/SP, Rel. Min. FELIX FISCHER, Quinta Turma, julgado em 17/4/2007, DJ de 4/6/2007). Precedentes. Sendo equiparado a funcionário público, possível a adequação típica aos crimes previstos nos artigos 312 e 317 do Código Penal (STJ - HC 264.459/SP, Rel. Ministro REYNALDO SOARES DA FONSECA, QUINTA TURMA, julgado em 10/03/2016, DJe 16/03/2016)

A teor do disposto no art. 327 do Código Penal, considera-se, para fins penais, o estagiário de autarquia funcionário público, seja como sujeito ativo ou passivo do crime. (Precedente do Pretório Excelso) (STJ - HC 52.989/AC, Rel. Ministro FELIX FISCHER, QUINTA TURMA, julgado em 23/05/2006, DJ 01/08/2006, p. 484)

Ementa: HABEAS CORPUS. CRIME DE CONCUSSÃO. EXIGÊNCIA DE PAGAMENTO PARA REALIZAÇÃO DE CIRURGIA DE URGÊNCIA. CONCEITO PENAL DE FUNCIONÁRIO PÚBLICO. MÉDICO CREDENCIADO PELO SISTEMA ÚNICO DE SAÚDE. TELEOLOGIA DO CAPUT DO ART. 327 DO CÓDIGO PENAL. ORDEM DENEGADA. 1. A saúde é constitucionalmente definida como atividade mistamente pública e privada. Se prestada pelo setor público, seu regime jurídico é igualmente público; se prestada pela iniciativa privada, é atividade privada, porém sob o timbre da relevância pública. 2. O hospital privado que, mediante convênio, se credencia para exercer atividade de relevância pública, recebendo, em contrapartida, remuneração dos cofres públicos, passa a desempenhar o múnus público. O mesmo acontecendo com o profissional da medicina que, diretamente, se obriga com o SUS. 3. O médico particular, em atendimento pelo SUS, equipara-se, para fins penais, a funcionário público. Isso por efeito da regra que se lê no caput do art. 327 do Código Penal. 4. Recurso ordinário a que se nega provimento. (RHC 90523, Relator(a):   Min. AYRES BRITTO, Segunda Turma, julgado em 19/04/2011, DJe-201 DIVULG 18-10-2011 PUBLIC 19-10-2011 EMENT VOL-02610-01 PP-00024 RT v. 101, n. 917, 2012, p. 572-583)

EMENTA AGRAVO REGIMENTAL EM HABEAS CORPUS. FUNCIONÁRIO PÚBLICO POR EQUIPARAÇÃO. DIRIGENTE DE ORGANI-

ZAÇÃO SOCIAL. CRIME CONTRA A ADMINISTRAÇÃO PÚBLICA. 1. Associação civil qualificada como Organização Social é considerada entidade paraestatal para os fins do disposto no § 1º do artigo 327 do Código Penal, o que torna legítima a qualificação de seus dirigentes, para efeitos penais, como funcionários públicos por equiparação. 2. O Instituto Candango de Solidariedade - ICS, enquanto ostentou a condição de Organização Social, constituiu entidade paraestatal, enquadrando-se no disposto no § 1º do artigo 327 do Código Penal. 3. Os ocupantes de cargo, emprego ou função no Instituto em referência respondem pela prática de crimes contra a Administração Pública. 4. Agravo regimental conhecido e não provido. (HC 131672 AgR, Relator(a): Min. ROSA WEBER, Primeira Turma, julgado em 05/10/2018, PROCESSO ELETRÔNICO DJe-220 DIVULG 15-10-2018 PUBLIC 16-10-2018)

5.2.3 – Busca e apreensão e abuso

Previa o art. 150, § 2º, do Código Penal, revogado pela nova Lei de Abuso de Autoridade: "Aumenta-se a pena de um terço, se o fato é cometido por funcionário público, fora dos casos legais, ou com inobservância das formalidades estabelecidas em lei, ou com abuso de poder".[50]

Reza o Art. 22, da Lei n. 13.859 de 05 de setembro de 2019, por sua vez: "Invadir ou adentrar, clandestina ou astuciosamente, ou à revelia da vontade do ocupante, imóvel alheio ou suas dependências, ou nele permanecer nas mesmas condições, sem determinação judicial ou fora das condições estabelecidas em lei:

Pena – detenção, de 1 (um) a 4 (quatro) anos, e multa.

§ 1º Incorre na mesma pena quem, na forma prevista no caput:

I – coage alguém, mediante violência ou grave ameaça, a franquear-lhe o acesso a imóvel ou suas dependências;

II – Vetado;

III – cumpre mandado de busca e apreensão domiciliar após as 21h00 (vinte e uma horas) ou antes das 5h00 (cinco horas).

§ 2º Não haverá crime se o ingresso for para prestar socorro, ou quando houver fundados indícios que indiquem a necessidade do ingresso em razão de situação de flagrante delito ou de desastre.

Os casos legais de exclusão da ilicitude da violação de domicílio encontram previsão no art. 5º, XI, da Constituição Federal e foram reiterados no § 2º, do art. 22, da lei de abuso de autoridade: flagrante delito ou desastre, ou para prestar socorro, ou, *durante o dia, por determinação judicial*. Fora dessas hipóteses, caracterizado restará o crime de violação de domicílio agravado. Portanto, se ausentes as situações autorizadoras, o ingresso ou permanência de funcionário público no exercício de suas funções, em casa alheia, contra a vontade do morador, implicará a adequação do comportamento, formalmente, ao tipo de abuso de autoridade relativo à violação de domicílio.

Por inobservância das formalidades legais ou fora das condições estabelecidas em Lei, como bem salienta Nelson Hungria, compreende-se "a falta das condições a que a lei subordina, quando autorizada, a efetuação da entrada ou permanência no domicílio alheio (...)".[51]

Assim, o não cumprimento, por exemplo, dos requisitos do art. 245, do CPP, de forma *dolosa*, também implica a subsunção da conduta ao tipo penal, da mesma forma que a ausência de autorização judicial, das situações previstas pelo citado parágrafo 2º, ou a sua realização em horário vedado para tanto, isto é, após às 21:00 (vinte e uma) horas ou antes das 05:00 (cinco) horas.

Constitui abuso de autoridade, ainda, a *ameaça* de invasão em domicílio alheio sem mandado, ou nas quais, mediante *constrangimento moral ou mesmo físico*, agentes da autoridade tentam obter "autorização" do morador para ingresso em sua residência.

Por fim, configura abuso de autoridade a *violação* à prerrogativa dos advogados prevista pelo art. 7º, inciso II, do EAOB, isto é, "a inviolabilidade de seu escritório ou local de trabalho, bem como de seus instrumentos de trabalho, de sua correspondência escrita, eletrônica, telefônica e telemática, desde que relativas ao exercício da advocacia". A respeito do tema, remetemos o leitor ao item 2.7, supra, *"Busca e Apreensão em Escritórios de Advocacia"*.

À caracterização do crime de abuso de autoridade, contudo, nos termos do art. 1ª, § 1º, da citada lei, indispensável o *dolo*, a vontade de realização da tipicidade formal, por sentimento pessoal, capricho, vingança ou maldade, ou seja, o consciente propósito de praticar perseguições e injustiças, inclusive em benefício próprio ou de terceiro. Sem tal motivação não restará caracterizado o *delito* de abuso de autoridade, mas – dirigida a ação na consecução do seu mister -, quando muito, o *erro* ou *infração meramente administrativa*, sujeitos a sanções disciplinares da mesma natureza, mas não penais.

Sentimento ou satisfação pessoal é o sentir de ordem *emocional* (afeto, ódio, inveja etc.) e não *racional*, isto é, sem substrato na ordem de caráter objetiva que deve imperar nas ações dos agentes públicos, em obediência ao princípio da legalidade.

Com ensina Nelson Hungria, em interessante julgado sobre a imputação de crime de prevaricação: "Interesse pessoal é o interesse privado, econômico ou moral, e sentimento pessoal é a afeição, o ódio, o espírito de vingança, a parcialidade, a obsequiosidade, a benevolência, o favoritismo, etc. Assim se resumiam, em outros tempos, os motivos do crime que hoje se chama prevaricação: *cupiditas*, amor, *odium, obsequium*. Dizer-se que o propósito do Sr. ministro da Fazenda de salvaguardar a sua autoridade, por entender que não está sujeito, na espécie, à jurisdição de juízes de primeira instância, traduz ou revela o "sentimento 'pessoal' a que se refere a lei, é confundir sentimento com entendimento, o *affectus* com o raciocínio lógico, para interpretar aberrantemente o art. 319 do Código Penal"[52]

No que se refere à expressão *"capricho"*, anote-se que tem origem no italiano *capriccio*, e traz o significado de "inconstância, volubilidade". Constitui a vontade súbita que aparece sem razão alguma; birra, teimosia; obstinação injustificada em relação a alguma coisa.

Portanto, para caracterização dos delitos de abuso de autoridade, entre os quais de busca e apreensão criminosa, indispensável que a conduta seja praticada, conforme conceitos acima, de forma dolosa, *com a finalidade específica de prejudicar outrem ou beneficiar a si mesmo ou a terceiro, ou, ainda, por mero capricho ou satisfação pessoal*, requisito que, por técnica e economia legislativa, foi inserido no § 1º, do art. 1º, da Lei, mas que, na realidade, deve ser *acrescido* a cada um dos tipos penais da nova lei.

Anote-se, por fim, que o comportamento abusivo e ilícito na efetivação da diligência de busca e apreensão implica a ilicitude e imprestabilidade da prova obtida por tal meio.

---

[1] GUERRA, Marcelo Lima. *Estudos sobre o processo cautelar*, 1ª ed., 2ª tir., p. 15.

[2] *Curso de Direito Constitucional*, 4ª ed., p. 315.

[3] GUERRA FILHO, Willis Santiago. *O princípio da proporcionalidade em direito constitucional e em direito privado no Brasil*, disponível em Internet, in: www.mundojurídico.adv.br, acesso em 22.8.2005.

[4] *Teoria dos Princípios*, p. 116.

[5] Idem, p. 122.

[6] Idem, p. 124.

[7] Assim também os quartos de hotéis, quando ocupados, conforme já decidiu o Supremo Tribunal Federal: "Para os fins da proteção jurídica a que se refere o art. 5º, XI, da CF, o conceito normativo de 'casa' revela-se abrangente e, por estender-se a qualquer aposento de habitação coletiva, desde que ocupado (CP, art. 150, § 4º, II), compreende, observada essa específica limitação espacial, os quartos de hotel. Doutrina. Precedentes. Sem que ocorra qualquer das situações excepcionais taxativamente previstas no texto constitucional (art. 5º, XI), nenhum agente público poderá, contra a vontade de quem de direito (*invito domino*), ingressar, durante o dia, sem mandado judicial, em aposento ocupado de habitação coletiva, sob pena de a prova resultante dessa diligência de busca e apreensão reputar-se inadmissível, porque impregnada de ilicitude originária. Doutrina. Precedentes (STF)." (**RHC 90.376**, Rel. Min. **Celso de Mello**, julgamento em 3-4-2007, Segunda Turma, *DJ* de 18-5-2007).

[8] *Comentários ao Código Penal*, v. VI, pp. 214-215.

[9] Aníbal Bruno, *Direito Penal, Parte Especial*, I, t. IV, p. 375.

[10] Nelson Hungria, *Comentários ao Códigc Penal*, v. VI, p. 217.

[11] Embora *o acesso* a local público ou aberto ao público não sofra restrição legal, evidentemente que a realização de *busca e apreensão*, diligência com finalidade investigativa em locais desta natureza também está sujeita, em regra, ao procedimento legalmente previsto e à autorização judicial, pois representa notória restrição a direitos dignos de tutela, como, por exemplo, o exercício do trabalho, o sigilo dos negócios ou segredos profissionais.

[12] *Processo Cautelar*, 23ª ed., p. 62.

[13] "Introdução ao Processo Cautelar", in *Estudos de Direito Processual*, p. 129. *Apud*, Marcelo Lima Guerra, *Estudos sobre o Processo Cautelar*, p. 25.

[14] *Comentários ao Código de Processo Penal*, p. 493.

[15] *Código de Processo Penal Brasileiro Anotado*, v. III, p. 246.

[16] *Da Busca e Apreensão no Processo Penal*, 2ª ed., p. 109.

[17] *Idem*, p. 230.

[18] Idem, p. 128.

[19] As coisas achadas, conforme art. 1.233 do Código Civil e 1.170 do Código de Processo Civil devem ser devolvidas ao seu dono ou, se desconhecido, entregues à Autoridade Policial ou judiciária, que providenciará a sua arrecadação, mandando lavrar o respectivo auto. Quem acha coisa alheia perdida e dela se apropria, total ou parcialmente, deixando de restituí-la ao dono ou legítimo possuidor ou de entregá-la à autoridade competente, dentro do prazo de 15(quinze) dias, incorre no crime de *apropriação de coisa achada*, tipificado pelo art. 169, inciso II, do Código Penal e sujeito à pena, de 1 (um) mês a 1 (um) ano de detenção, *ou* multa.

[20] *Da Busca e Apreensão no Processo Penal*, 2ª ed., p. 256.

[21] *Comentários ao Código de Processo Penal*, p. 495.

[22] *O Regime Brasileiro das Interceptações Telefônicas*. Disponível em internet: http://daleth.cjf.jus.br/numero3/artigo16.htm.

[23] *Hermenêutica Constitucional*, pp. 31-32.

[24] O art. 3º - A, do Código de Processo Penal, aliás, introduzido pela mesma lei, não deixa dúvidas a respeito, ao dispor: "O processo penal terá estrutura acusatória, *vedadas a iniciativa do juiz na fase de investigação* e a substituição da atuação probatória do órgão de acusação". (g.n.)

[25] O problema é corretamente solucionado pelo Projeto de Lei do Senado n. 156, que institui o novo Código de Processo Penal: "Art. 235. As buscas domiciliares serão executadas entre 6 (seis) e 20 (vinte) horas, salvo se o morador consentir que se realizem em horário diverso, e, antes de penetrarem na casa, os executores mostrarão e lerão o mandado ao morador, ou a quem o represente, intimando-o, em seguida, a abrir a porta".

[26] *Código de Processo Penal Brasileiro Anotado*, v. III, p. 276.

[27] Embora o CPP não faça menção expressa, também é facultado o uso de força contra *pessoas* que eventualmente oponham dificuldades à execução da diligência. A oposição mediante violência ou ameaça ao funcionário competente, aliás, caracteriza o crime de *resistência*, nos termos do art. 329, do Código Penal.

[28] *Prova Ilícita no Processo*, pp. 103-104.

[29] Como sustentam Roxin, Arzt e Tiedemann, a vinculação formal da prova da verdade – que também se denomina formalismo do processo penal - é uma das seguranças fundamentais do processo penal de um Estado de Direito e corresponde, em certa medida, ao princípio da legalidade penal. Assim como no Direito Penal os tipos penais formalizam e delimitam a justiça, somente um processo penal realizado devidamente, ou seja, for-

ANTONIO CARLOS SANTORO FILHO

malista, é apropriado para condenar e remover a presunção de inocência. E arrematam, citando o seguinte julgado do Tribunal Supremo Federal alemão, também aplicável ao nosso Direito: "Não é um princípio da lei penal que se tenha que investigar a verdade a qualquer preço. Com efeito, esta opinião jurídica tem como consequência que importantes meios, em determinadas circunstâncias os únicos, para o esclarecimento de fatos puníveis, quedam inservíveis. Sem embargo, isto tem que ser aceito – BGHSt, t. 14, p. 358 (365)" (*Introducción al Derecho Penal y al Derecho Procesual Penal*, pp. 138 e 145).

[30] *O Princípio da Solidariedade*. Disponível em internet: http://www.idcivil.com.br/pdf/biblioteca9.pdf, acesso em 21.8.2012.

[31] Trata-se do exercício da *empatia*, que, em termos gerais, constitui a experiência que um "eu" tem de outro "eu" e de suas vivências (STEIN, Edith. *Sobre el Problema de la Empatia*, p. 27), o colocar-se no lugar do outro.

[32] *El Personalismo*, p. 180.

[33] MERTON, Thomas. *A Via de Chuang Tzu*, p. 26.

[34] SANTORO FILHO, Antonio Carlos. *O Sentido de Ser Pessoa*, p. 109.

[35] *O Fundamento da Moral*, p. 85.

[36] STF. ADIN n. 1127, j. 17.5.2006.

[37] *Código de Processo Penal Anotado*, v. III, p. 249.

[38] *Curso de Direito Processual Penal*, p. 95.

[39] *Código de Processo Penal Comentado*. 4ª ed. São Paulo: RT, 2005, p. 493.

[40] A jurisprudência no Estado de São Paulo caminha no sentido de admitir a busca pessoal por policial do sexo masculino quando ausente policial feminina no local. A título de ilustração: "Nulidade - Ofensa à dignidade da mulher - Inocorrência - Policiais do sexo masculino que realizaram revista pessoal na ré, mas, em nenhum momento, mantiveram contato com partes íntimas de seu corpo - Busca pessoal que se limitou às vestes – Entorpecente localizado no bolso da jaqueta - Validade - Praxe que não tem o condão de revogar a lei - Inexistência de policial feminina no local – Inteligência do art. 249, do CPP - Supremacia do interesse público sobre o particular - Materialidade comprovada. (Ap. n° 326.059-3/ 7-SP, 2a Câmara Criminal, Rel. Des. Djalma Lofrano, j. 18.12.2000)".

[41] Em época recente foi bastante divulgado pela imprensa e nas redes sociais o vídeo em que uma escrivã de polícia, presa em flagrante pela respectiva Corregedoria, foi submetida a revista pessoal *por homens*, apesar de clamar pela observância do disposto no art. 249, do CPP – o que não acarretaria, em princípio, prejuízo algum à investigação. Aparentemente sem justificativa plausível, a investigada foi despida e sujeita a revista pessoal, tudo em frente à câmera de vídeo. Cremos que, em casos semelhantes, a afronta à dignidade e integridade moral da presa acarreta a ilicitude da prova eventualmente colhida na diligência de busca e apreensão.

[42] Com esta orientação: "TÓXICO - Crime de tráfico - Apreensão de drogas e prisão do apelante feita por guardas municipais após atividade de polícia judiciária – Atividade não prevista pela Constituição Federal - Incompetência legal – Incompetência também funcional - Apreensão de objetos vários que não guardam relação mínima com o crime de tráfico - Ausência de mandado de busca e apreensão – Processo que se mostra nulo e eivado de contradições - Nulidades reconhecidas - Absolvição do apelante - Recurso provido – Nulidade processual, e consequente absolvição, que atinge a condenação imposta à ré não apelante" (TJSP – Ap. 006248-12.2007 – 16ª Câm. – Rel. Newton Neves – j. 01.3.2011).

[43] Hely Lopes Meirelles ensina que "poder de polícia é a faculdade de que dispõe a Administração Pública para condicionar e restringir o uso e gozo de bens, atividades e direitos individuais, em benefício da coletividade ou do próprio Estado (...)" (*Direito Administrativo Brasileiro*, 25ª ed., p. 122).

[44] Como sustenta Cleunice Bastos Pitombo: "Assim, para garantir a paz pública, os órgãos de polícia podem efetuar busca administrativa, sem qualquer conotação processual (...). Exigir-lhe mandado judicial impossibilita e frustra o exercício de suas funções. Colocar-se-ia, também, em risco o poder-dever estatal de garantir a paz pública." (*Da Busca e Apreensão no Processo Penal*, 2ª ed., p. 155).

[45] "Comissão Parlamentar de Inquérito: a limitação dos Poderes e os direitos fundamentais". *E-Legis*, n. 8, p. 56-65, 1ª semestre 2012. O Supremo Tribunal Federal, no julgamento do MS 23652, relatado pelo Min. Celso de Mello, assim definiu as CPIs: "AUTONOMIA DA INVESTIGAÇÃO PARLAMENTAR. O inquérito parlamentar, realizado por qualquer CPI, qualifica-se como procedimento jurídico-constitucional revestido de autonomia e dotado de finalidade própria, circunstância esta que permite à Comissão legislativa - sempre respeitados os limites inerentes à competência material do Poder Legislativo e observados os fatos determinados que ditaram a sua constituição - promover a pertinente investigação, ainda que os atos investigatórios possam incidir, eventualmente, sobre aspectos referentes a acontecimentos sujeitos a inquéritos policiais ou a processos judiciais que guardem conexão com o evento principal objeto da apuração congressual".

[46] Não nos filiamos, pois, à corrente doutrinária que sustenta maior amplitude da *reserva de jurisdição*, isto é, para todas as situações que impliquem a limitação de um direito fundamental ou protegido pela Constituição Federal, pois tal posicionamento esvazia o papel que deve ser desempenhado pelas CPIs e a nosso ver limita, além do que permite a própria Constituição Federal, os seus poderes.

[47] Aníbal Bruno, *Direito Penal, Parte Especial*, v. I, t. IV, p. 378.

[48] *O abuso do poder administrativo no Brasil - conceito e remédios*, p. 12. Rio de Janeiro: DASP/IBCA, 1959.

[49] *Código Penal e Sua Interpretação Jurisprudencial*, Editora Revista dos Tribunais, 7ª edição, Vol. 2, pág. 3929/3932.

[50] Tratando-se o abuso de poder de *elementar* do delito de violação de domicílio na forma agravada, o aparente concurso com o crime de abuso de autoridade (art. 3º, alínea "b", da Lei 4.898/65) deveria ser resolvido pela subsunção da conduta ao crime autônomo – violação de domicílio -, que absorvia o delito subsidiário – abuso de autoridade.

[51] *Comentários ao Código Penal*, v. VI, p. 223.

[52] *Memória jurisprudencial : Ministro Nelson Hungria* . Luciano Felício Fuck. -- Brasília : Supremo Tribunal Federal, 2012, p. 185

SOBRE O AUTOR

Antonio Carlos Santoro Filho

Antonio Carlos Santoro Filho é autor dos livros:

Princípios Constitucionais do Direito Penal - exclusividade da Amazon, nas versões digital e impressa, 1ª edição (Verlu Editora, 2020)

Introdução Crítica ao Direito Criminal – exclusividade da Amazon, nas versões digital e impressa, 1ª edição (Verlu Editora, 2019)

Planos de Saúde nos Tribunais – exclusividade da Amazon, nas versões digital e impressa, 2ª edição revista, atualizada e ampliada

(Verlu Editora, 2019)

O Visitante – exclusividade da Amazon, nas versões digital e impressa, 2ª edição, revista e atualizada, (Verlu Editora, 2019)

O Sentido de Ser Pessoa – exclusividade da Amazon, nas versões digital e impressa, 2ª edição, revista e atualizada (Verlu Editora, 2019)

Teoria do Crime - exclusividade da Amazon, nas versões digital e impressa, 1ª edição (Verlu Editora, 2019)

Tipicidade e Imputação Objetiva no Direito Penal Brasileiro - livro digital (Verlu Editora, 2016);

Princípios Elementares de Direito Criminal - livro digital (Verlu Editora, 2016);

Estudos de Processo Penal - livro digital (Verlu Editora, 2015)

O Visitante - livro digital (Verlu Editora, 2014);

Planos de Saúde nos Tribunais - livro digital (Verlu Editora, 2014);

Direito e Saúde Mental - livro digital (Verlu Editora, 2014);

O Sentido de Ser Pessoa - livro digital (Verlu Editora, 2013);

Direito e Saúde Mental - livro impresso (Verlu Editora, 2012);

O Sentido de Ser Pessoa - livro impresso (Verlu Editora, 2011);

Medidas Cautelares no Processo Penal - livro impresso (Letras Jurídicas, 2011);

Teoria da Imputação Objetiva-livro impresso (Malheiro, 2007);

Fundamentos de Direito Penal-livro impresso (Malheiros, 2003);

Teoria do Tipo Penal- livro impresso (LED, 2001);

Bases Críticas do Direito Criminal- livro impresso (LED, 2000)

Santoro também é autor de muitos artigos jurídicos e filosóficos.

Antonio Carlos Santoro Filho é graduado em Direito pela Universidade de São Paulo com especialização em Direito Penal e Criminologia.

Pós-Graduado em Direito Penal pela Escola Paulista da Magistratura.

Juiz de Direito no Estado de São Paulo desde 1995.

Integrou a comissão editorial dos Cadernos Jurídicos da Escola Paulista da Magistratura de 2005 a 2014.

LIVROS DESTE AUTOR

Princípios Constitucionais Do Direito Penal

Os princípios encontram-se para a legislação penal e seus institutos como as fundações para a edificação: conformam e sustentam o que sobre eles é erigido, de modo que a retirada de qualquer dos alicerces ou a efetivação da obra fora dos padrões estabelecidos implicará o comprometimento de toda a construção.

No Estado democrático de Direito, instituído por nossa Constituição Federal, os princípios penais fundamentais, além da função sistematizadora do direito criminal, têm também, como finalidades essenciais, a garantia do ser humano contra a ingerência demasiada do Estado nas relações sociais, por meio do direito penal, e a limitação à exacerbação do poder punitivo.

Restringimos, por isso, como objeto deste pequeno trabalho – e à luz da jurisprudência do Supremo Tribunal Federal -, os princípios que reputamos primários – e por isso dizemos elementares - no sistema de direito penal e que possuem essas características. São eles: (a) legalidade; (b) lesividade; (c) culpabilidade; (d) dignidade humana; (e) pessoalidade e (f) individualização da pena.

Teoria Do Crime

Este livro representa o fechamento de um ciclo e o capítulo derradeiro de um trabalho que vem sendo construído há mais de vinte anos.

Em sua obra Teoria do Tipo Penal (Editora LED, 2000), sustentou o autor que o tipo é um gênero dualista, que abarca duas espécies de polaridades opostas: tipos de injusto e tipos de justo.

De acordo com este esquema, o tipo-de-ilícito é um molde, que, aplicado ao tecido da ilicitude, a recorta e define, de forma que todos os comportamentos típicos serão sempre ilícitos; a tipicidade é a maneira pela qual a ilicitude se manifesta na área penal. Os tipos de justo, por sua vez, embora previstos pelo direito penal, não servem apenas a este, pois o valor positivo que se lhes agrega é reconhecido por todos os ramos do Direito.

No ano de 2003 o autor publicou a obra Fundamentos de Direito Penal (Malheiros Editores), que, em sua segunda parte, esboça uma teoria do delito.

Em vista do caráter de "manual" do trabalho, no entanto, algumas questões, notadamente no que toca à imputação objetiva e culpabilidade, foram apenas tangenciadas e seu desenvolvimento relegado para uma oportunidade posterior.
No ano de 2007, com a publicação de Teoria da Imputação Objetiva – apontamentos críticos à luz do direito positivo brasileiro (Malheiros Editores) foi parcialmente superada aquela carência para concluir que, diante de nosso sistema normativo, não há a necessidade de importação de novos postulados para um adequado juízo de imputação típica.

Em relação à imputação subjetiva e culpabilidade desenvolveu o autor novos estudos para concluir que vontade, liberdade e culpa constituem os pilares fundamentais sobre os quais se sustenta a imputação – responsabilização – subjetiva do crime no Estado democrático de Direito, e que são imprescindíveis à garantia da dignidade da pessoa humana – respeitabilidade mínima -, de uma sociedade pluralista e ao exercício da cidadania.

Estes três alicerces estruturais, cujos conceitos, no direito penal, sintetizam a condição de pessoa, informam-se reciprocamente, são interdependentes e se inter-relacionam.

Quanto à culpabilidade, entendida como juízo de censura que recai sobre o comportamento em razão da quebra de expectativa de observância da norma, adotou-se como seu fundamento o atuar livre, a opção do sujeito pelo comportamento injusto. Somente com o reconhecimento da pessoa humana como ser livre – e, por isso, responsável por seus atos -, que é possível a tutela da liberdade como valor fundamental do Estado democrático de Direito.

Este livro, portanto, embora seja o resultado da reunião dos trabalhos anteriores do autor – alguns inéditos -, não se confunde com a mera soma das partes, pois organizado no sentido de formatação de um sistema apto à obtenção de soluções coerentes e harmônicas no campo da teoria do crime.

A Editora

O Sentido De Ser Pessoa - O Desejo De Uma Vida Com Propósitos

Qual o sentido de ser pessoa?

Sob um olhar transdisciplinar, o autor, Antonio Carlos Santoro Filho, experiente profissional da área jurídica, com inúmeros trabalhos publicados, procura lançar algumas ideias para debate, a partir dos atributos da vida humana:

- vontade de ação

- liberdade

- dignidade

- responsabilidade

Esta obra inspirada nas correntes fenomenológicas e existencialistas do Direito, da Filosofia e da Psicologia, constitui verdadeiro libelo em defesa da liberdade humana como um valor a ser tutelado, realidade indispensável à concretização do indivíduo como ser corporal/espiritual.

Trata-se de trabalho que ultrapassa os estritos limites de qualquer disciplina e que representa proveitosa, instigante e acessível leitura a todos aqueles que de alguma forma lidam com a questão humana - juristas, sociólogos, psicólogos, psiquiatras, estudantes e criminólogos - ou simplesmente se interessam pelo tema.

Direito E Saúde Mental

DIREITO E SAÚDE MENTALà luz da Lei 10.216 de 06 de abril de 2001, de acordo com o Novo Código de Processo Civil (Lei n. 13.015 de 16 de março de 2015) e com o Estatuto da Pessoa com Deficiência (Lei n. 13.146 de 06 de julho de 2015)2a edição revista, atualizada e ampliada em junho de 2019.A questão da saúde mental é de alta complexidade, pois envolve aspectos médicos, psicológicos, políticos, sociológicos, filosóficos, éticos e jurídicos.

Este livro, a partir de um estudo sistemático, visa possibilitar a compreensão e solução dos problemas jurídicos relativos à saúde mental e analisa, de forma objetiva, os seguintes temas: evolução histórica da legislação; direitos da pessoa portadora de transtorno mental; espécies, requisitos e finalidade das internações; institucionalização; CAPS, Residências Terapêuticas e auxílio-reabilitação psicossocial; imputabilidade penal e medidas de segurança; curatela e interdição; psiquiatria e planos de saúde; benefício de prestação continuada.

Trata-se, portanto, de obra que, no campo do Direito, assume um inovador caráter transdisciplinar, indispensável por isso não apenas a seus operadores, mas a todos aqueles que estão envolvidos com o problema dos transtornos mentais (médicos, psicólogos, enfermeiros, cuidadores, usuários do sistema e seus familiares)

Introdução Crítica Ao Direito Criminal

Este trabalho tem por finalidade principal apresentar, de forma sintética e objetiva, porém não demasiadamente superficial, as bases epistemológicas do direito criminal, para propiciar, àqueles que se iniciam em seu estudo, noções introdutórias que possibilitem, posteriormente, o aprendizado crítico dos institutos desta disciplina.

Trata-se, portanto, de uma proposta de propedêutica de direito penal, dirigida especialmente aos que tomarão o primeiro contato com a matéria.

Estamos à disposição para sugestões e críticas, que poderão ser encaminhadas à nossa página no Facebook:

https://www.facebook.com/SantoronaComunidadeVerluEditora/

Planos De Saúde Nos Tribunais

Este pequeno trabalho não tem pretensões doutrinárias ou de elaboração teórica; ao contrário, trata-se de breve estudo, de conteúdo eminentemente prático, destinado a compilar o entendimento jurisprudencial dominante - especialmente no Tribunal de Justiça do Estado de São Paulo - sobre os temas mais atuais relativos aos planos de saúde, de forma a proporcionar facilidade de entendimento, acesso e utilização não apenas aos operadores do Direito, mas a todos - especialmente os usuários - aqueles que têm algum interesse pela matéria.

Em razão desta finalidade prática, evitamos o aprofundamento dos comentários aos temas e a remissão a obras doutrinárias, tendo preferido, sempre que possível, a transcrição de julgados, que a nosso ver são autoexplicativos. As questões estão elencadas em ordem alfabética, o que facilita a pesquisa por palavra-chave.

Ao final dos temas compilamos as súmulas do STJ e dos Tribunais de Justiça dos Estados de São Paulo e Rio de Janeiro sobre planos de saúde e disponibilizamos, na íntegra, a Lei n. 9.656 de 03 de junho de 1998, com todas as suas alterações.

Para dúvidas, debates, sugestões e críticas, fica disponível o contato do autor: santoro@direitoefilosofia.com

A Editora

O Visitante

Jack vivia mais uma noite cercado por dúvidas, quando recebeu um inesperado visitante, disposto a lhe oferecer respostas.

No diálogo surpreendente, foram tratadas as seguintes questões: a existência e natureza de Deus, finitude ou eternidade do ser, a existência de outros mundos com seres conscientes e a essência do tempo.

Fantasia ou realidade, este pequeno livro traz discussões sobre temas centrais da humanidade, que certamente aguçarão a curiosidade e levarão o leitor a várias reflexões.

A Editora